Danièle Bourdais and Geneviève Talon

Cambridge IGCSE® and O Level

French as a Foreign Language

Workbook

CAMBRIDGE
UNIVERSITY PRESS

University Printing House, Cambridge CB2 8BS, United Kingdom

One Liberty Plaza, 20th Floor, New York, NY 10006, USA

477 Williamstown Road, Port Melbourne, VIC 3207, Australia

314–321, 3rd Floor, Plot 3, Splendor Forum, Jasola District Centre, New Delhi – 110025, India

79 Anson Road, #06 -04/06, Singapore 079906

Cambridge University Press is part of the University of Cambridge.

It furthers the University's mission by disseminating knowledge in the pursuit of education, learning and research at the highest international levels of excellence.

Information on this title: www.cambridge.org

© Cambridge University Press 2017

This publication is in copyright. Subject to statutory exception and to the provisions of relevant collective licensing agreements, no reproduction of any part may take place without the written permission of Cambridge University Press.

First published 2017

20 19 18 17 16 15 14 13 12 11 10 9 8 7 6 5 4

Printed in Great Britain by CPI Group (UK) Ltd, Croydon CR0 4YY

A catalogue record for this publication is available from the British Library

ISBN 978-1-316-62637-5 Paperback

Additional resources for this publication at www.cambridge.org

Cambridge University Press has no responsibility for the persistence or accuracy of URLs for external or third-party internet websites referred to in this publication, and does not guarantee that any content on such websites is, or will remain, accurate or appropriate. Information regarding prices, travel timetables, and other factual information given in this work is correct at the time of first printing but Cambridge University Press does not guarantee the accuracy of such information thereafter.

....

NOTICE TO TEACHERS IN THE UK
It is illegal to reproduce any part of this work in material form (including photocopying and electronic storage) except under the following circumstances:
(i) where you are abiding by a licence granted to your school or institution by the Copyright Licensing Agency;
(ii) where no such licence exists, or where you wish to exceed the terms of a licence, and you have gained the written permission of Cambridge University Press;
(iii) where you are allowed to reproduce without permission under the provisions of Chapter 3 of the Copyright, Designs and Patents Act 1988, which covers, for example, the reproduction of short passages within certain types of educational anthology and reproduction for the purposes of setting examination questions.

....

® IGCSE is the registered trademark of Cambridge International Examinations.

Cambridge IGCSE and O Level French as a Foreign Language

Table des matières

0	Bienvenue en Francophonie !	4
1	Mon quotidien	8
2	La pleine forme	17
3	Une famille à l'étranger	26
4	Faites la fête !	35
5	Ma ville, demain… ?	44
6	La nature – amie, ennemie ou victime ?	53
7	Bonjour de Francophonie !	61
8	L'école, et après ?	70
9	Au travail !	79
10	À l'écoute du monde	87
11	En voyage	95
12	Jeune au XXIe siècle	103

Les sections **Entraînez-vous au vocabulaire** font référence à des Listes de Vocabulaire en ligne: www.cambridge.org/9781316626375

Ces sections, à compléter en fin d'unité, permettent de revenir sur le vocabulaire présenté tout au long de l'unité.

Bienvenue en Francophonie !

Le coin grammaire

Villes, îles et pays

1 **Dans cette liste de villes et de pays, entourez la bonne préposition : *à* (nom de ville), *au* (nom de pays masculin), *en* (nom de pays féminin) ou *aux* (nom de pays pluriel).**

Exemple : (à) / au / Dakar

1 à / au Bruxelles
2 en / au Luxembourg
3 en / à Genève
4 à / en Abidjan
5 au / à Burkina Faso
6 en / au Algérie
7 aux / à Bamako
8 à / en Suisse
9 à / en Côte d'Ivoire
10 en / aux États-Unis
11 au / à Port-au-Prince
12 à / en Ouagadougou

2 **Ville, île ou pays ? Complétez le texte avec *à*, *en* ou *au*.**

J'adore les voyages ! J'aimerais aller [1] ....en...... Tunisie et [2] .... Maroc pour le soleil, [3] .... Paris pour la cuisine, [4] .... Canada pour les paysages (et [5] .... Montréal pour les monuments historiques), [6] .... La Réunion pour les montagnes, [7] .... Belgique pour visiter le pays de Tintin, [8] .... Madagascar pour la vanille, [9] .... Sénégal pour la musique et enfin [10] .... République démocratique du Congo parce que c'est le pays francophone le plus peuplé au monde.

Entraînez-vous au vocabulaire

Les nombres

3 **Faites correspondre les opérations et leurs solutions. Attention : il y a deux nombres en trop.**

Exemple : 9 × 11 = quatre-vingt-dix-neuf

1 18 + 3 =
2 100 − 30 =
3 25 × 4 =
4 70 + 31 =
5 150 − 52 =

soixante-dix
quatre-vingt-douze
cent
vingt-et-un
quatre-vingt-dix-huit
vingt-sept
cent un

Cambridge IGCSE and O Level French as a Foreign Language

4 Écrivez les solutions en toutes lettres.

1 7 × 11 = ...

2 39 + 22 = ...

3 200 − 12 = ...

4 12 × 8 = ...

5 9 × 9 = ...

La date et l'heure

5 Répondez aux questions. (Attention: dimanche = dernier jour de la semaine)

1 Quel est le deuxième mois de l'année ? ....Février..

2 Quel est le premier mois de l'année ? ....

3 Quel est le deuxième jour de la semaine ? ....

4 Quel est le quatrième jour ? ....

5 Quel est le cinquième mois ? ....

6 Quel est le sixième jour ? ....

7 Quel est le huitième mois ? ....

6 Complétez les phrases. (Attention: dimanche = dernier jour de la semaine)

1 Septembre, c'est le ....neuvième.......... mois de l'année.

2 Lundi est le .... jour de la semaine.

3 Mercredi est le .... jour.

4 Novembre, c'est le .... mois.

5 Vendredi est le .... jour.

6 Décembre, c'est le .... mois.

7 Faites correspondre les dates et les événements.

1 le premier e-mail ☐   a le quatorze juillet mille sept cent quatre-vingt-neuf

2 la construction de la tour Eiffel ☐   b le onze novembre mille neuf cent dix-huit

3 la fin de la Première Guerre mondiale ☐   c le premier octobre mille neuf cent soixante et onze

4 la Révolution française ☐   d le trente-et-un mars mille huit cent quatre-vingt-neuf

0 Bienvenue en Francophonie !

8 Faites correspondre les dates et les événements, puis écrivez les dates en toutes lettres.

> 1927   1945   1969   2020

1 la fin de la Seconde Guerre mondiale

m.................... n.................... c.................... q.................... -c....................

2 la première traversée en solo de l'Atlantique en avion

.... e .... f .... t .... t-.................... t

3 les Jeux Olympiques de Tokyo (pour la deuxième fois)

d.................... m.................... v....................

4 le premier pas de l'Homme sur la lune

.... e .... f .... t .... e-.................... f

9 Faites correspondre les radios-réveils et les heures.

1. 5:45
2. 8:30
3. 11:15
4. 12:00
5. 14:10
6. 17:30
7. 21:45
8. 22:50

- midi
- dix-sept heures trente
- huit heures et demie
- quatorze heures dix
- onze heures et quart
- six heures moins le quart
- vingt-deux heures cinquante
- vingt-et-une heures quarante-cinq

(1 → six heures moins le quart)

10 Sur une feuille, écrivez les heures de l'exercice 9 différemment.

Exemple : 1 5:45 *cinq heures quarante-cinq*

Cambridge IGCSE and O Level French as a Foreign Language

Mieux apprendre

Employez des façons variées et amusantes d'améliorer votre français.

a   Écouter la radio en français.
b   Imprimer les paroles de chansons en français et écouter ces chansons.
c   Regarder des émissions de TV en français (en ligne) ou des films en français.
d   Lire des livres ou des magazines en français.
e   Télécharger des applis comme duolingo.
f   Aller sur des sites Internet francais.
g   Parler en français : avec un(e) ami(e) du collège, avec un(e) correspondant(e) francophone.
h   Communiquer sur les réseaux sociaux en français.

11 Dans la première colonne du tableau, écrivez la date d'aujourd'hui et donnez-vous une note de 1 à 5 pour chaque élément de la liste.

1 = oui, je fais très souvent ça.
5 = non, je ne fais jamais ça.

Revenez régulièrement à cette liste. À chaque fois, indiquez la date et donnez-vous une note de 1 à 5. Est-ce que vos notes s'améliorent ?

	Date: …/…/…	Date: …/…/…	Date: …/…/…	Date: …/…/…	Date: …/…/…	Date: …/…/…
a						
b						
c						
d						
e						
f						
g						
h						

0 Bienvenue en Francophonie !

1 Mon quotidien

Le coin grammaire

Les verbes pronominaux

1 Reliez les débuts aux fins de phrases. Attention au pronom réfléchi !

Normalement, ma mère — se relaxe devant la télé le soir.

En général, le matin, je — se brosser les dents !

À la maison, nous ne — m'occupe toujours de ma petite sœur.

Est-ce que vous — se couche en même temps et on lit un peu.

À quelle heure est-ce que tu — nous couchons pas tard.

Mon frère et moi, on — se reposent le dimanche après-midi.

D'habitude, mes parents — vous coiffez toujours avant de partir ?

Ma petite sœur oublie toujours de — te lèves le matin ?

2 Complétez avec la bonne forme du pronom, ou Ø s'il n'y a pas de pronom.

1   Mon frère ...se... lève tôt le matin et il ...Ø... réveille mes parents.

2   Je n'aime pas .... laver à l'eau froide ! Je préfère .... doucher à l'eau chaude.

3   Pour aller au collège, on peut .... habiller comme on veut mais on ne peut pas .... porter de jean.

4   Le matin, ma sœur et moi, nous .... habillons et ensuite nous .... habillons nos petits frères.

5   Au collège, les élèves .... reposent un peu entre midi et deux heures et .... rentrent à la maison vers 17 heures.

6   Est-ce que tu .... occupes de tes frères et sœurs le soir à la maison avant de .... coucher ?

7   Vous préférez .... doucher ou bien .... prendre un bain le soir ?

Cambridge IGCSE and O Level French as a Foreign Language

Les verbes *pouvoir, vouloir, devoir* (+ infinitif)

3   Complétez les grilles. Chronométrez-vous et essayez d'améliorer votre temps !

je **peux**	il / elle / on
nous	tu
ils / elles	vous

vous **devez**	nous
il / elle / on	je
tu	ils / elles

il / elle / on **veut**	nous
vous	je
tu	ils / elles

4   Complétez les phrases sur les jeunes (de la section 1.02) avec le verbe *pouvoir, vouloir* ou *devoir* à la bonne forme.

Rosine [1] ......*veut*...... faire plus de travail scolaire mais elle ne [2] .... pas parce qu'elle [3] .... aider sa famille.

Tien [4] .... avoir de l'argent de poche mais elle ne [5] .... pas faire de petit boulot parce que sa mère ne [6] .... pas.

Matthieu [7] .... faire un petit boulot mais il ne [8] .... pas travailler alors il [9] .... aider à la maison pour avoir de l'argent de poche.

Connecteurs logiques

5   Complétez les phrases avec un des connecteurs de l'encadré. Dans certains cas, il y a plusieurs possibilités. Utilisez chaque connecteur au moins une fois.

alors – donc – et – mais – parce que – par contre – pourtant

1   Mes parents n'ont pas de voiture, ...*alors / donc*...... je vais au collège à pied.

2   J'aime bien être écolo, ... je prends mon vélo !

3   J'aide mes parents à faire la cuisine .... je ne veux pas faire la vaisselle.

4   Je n'ai pas assez d'argent, ... mon petit boulot est bien payé !

5   Le bus n'est pas cher .... c'est écolo.

6   Le bus est écolo, ... la voiture est plus pratique.

1 Mon quotidien

7 Je peux aller au collège à pied .... j'habite tout près.

8 Je me lève très tôt ; .... je suis toujours en retard au collège !

9 Je ne suis pas en retard au collège .... je me lève très tôt.

10 Je ne veux pas être en retard au collège .... je me lève tôt.

6 Utilisez chaque connecteur de l'exercice 5 dans une phrase de votre invention.

Exemple : Je fais du babysitting alors je gagne de l'argent de poche.

1 ....
2 ....
3 ....
4 ....
5 ....
6 ....
7 ....

Verbes à l'infinitif

7 Soulignez 12 verbes à l'infinitif dans ce texte, comme dans l'exemple.

<u>Dormir</u>, c'est essentiel pour être en bonne santé et aider votre cerveau à bien travailler au collège. Vous oubliez tout, dates historiques et formules chimiques ? Sans assez de sommeil, votre cerveau va commencer à souffrir de troubles de concentration et de mémoire. Un conseil : avant de vous coucher, vous ne devez pas vous mettre devant un écran – même si vous aimez voir les dernières vidéos ou écrire des messages. La lumière bleue excite votre cerveau et vous ne pourrez pas vous endormir. Alors, pour se souvenir de ce qu'on apprend, il faut d'abord apprendre à se reposer !

8 Sur une feuille, expliquez, dans votre langue, pourquoi les verbes sont à l'infinitif.

Exemple : dormir – infinitif employé comme nom ; être – pour + infinitif ; etc.

9 Écrivez les phrases dans le bon ordre. Attention à la position des verbes à l'infinitif !

1 vais / me / Je / tôt / ce soir. / coucher

....

2 Je / manger ! / la / parce que / fais / j' / adore / cuisine

....

3 avant de / Je / manger / ne / peux / au collège. / pas / partir

....

4 collège / Je / bus / en retard. / ne pas / vais / au / pour / en /arriver

....

Conjuguer au présent

10 Soulignez le ou les pronoms sujets qui conviennent dans ces phrases. Attention à la terminaison des verbes réguliers !

1 *Je* / *On* / *Vous* parle couramment anglais.

2 *Tu* / *On* / *Il* finit les cours à quelle heure ?

3 *Je* / *Tu* / *Elle* prends des cours de français après le collège.

4 Qu'est-ce que *nous* / *vous* / *ils* choisissons comme option au collège ?

5 *On* / *Nous* / *Elles* sortons du collège vers 18 heures.

6 Quelle matière préférez- *tu* / *vous* / *ils* ?

7 Au collège, à la récré, *on* / *nous* / *ils* vendent des fruits.

8 Quand est-ce que *tu* / *elle* / *ils* passes les examens ?

9 *Je* / *Tu* / *On* part au collège à pied le matin.

10 *Elle* / *On* / *Ils* choisissent des matières faciles comme option.

11 Sudoku des verbes: sur une feuille, recopiez et complétez la grille avec les verbes irréguliers de l'encadré. Les six colonnes et les six rangées doivent contenir tous les pronoms sujets (*je, tu, il / elle / on, nous, vous, ils / elles*) et les six verbes différents conjugués.

avoir – être – aller – faire – prendre – mettre

j'ai	tu es	il / elle / on va	nous faisons	vous prenez	ils / elles mettent
tu vas	je fais				
il / elle / on					
nous					
vous					
ils / elles					

Recopiez et complétez une grille similaire avec les verbes suivants : *devoir, pouvoir, vouloir, venir, savoir, voir*.

1 Mon quotidien

Utiliser le présent

12 a Sur une feuille, traduisez ces phrases dans votre langue.

1 Je prends des cours de piano tous les jeudis.
2 Je vais au collège Victor Hugo depuis trois ans.
3 Ils sont en train de construire une salle d'informatique.
4 Je fais un petit boulot le samedi depuis 2016.
5 La semaine prochaine, j'arrête les cours de chimie !

b Cachez le français et retraduisez vos phrases en français sur une feuille. Comparez.

13 Continuez ces débuts de phrases en utilisant des verbes au présent.

1 Demain, ...
....

2 Normalement, ...
....

3 Depuis trois ans, ...
....

4 En ce moment, ...
....

Mieux apprendre

Apprenez trois formes-clés pour chaque verbe : *je, nous, ils.* Vous pouvez facilement deviner les trois autres.

14 Complétez.

écrire

j'écris   tu ....   il / elle / on ....
nous écrivons vous ....
ils / elles écrivent

dormir

je dors   tu ....   il / elle / on ....
nous dormons vous ....
ils / elles dorment

15 Sur une feuille, notez les trois formes-clés (comme dans l'exercice 14) pour les verbes suivants.

| commencer – acheter – appeler – réussir – se lever – obtenir |

Cambridge IGCSE and O Level French as a Foreign Language

Entraînez-vous au vocabulaire

16 Trouvez les synonymes des mots et expressions suivants. (section 1)

1. sortir du lit = ...
2. mettre ses vêtements = ...
3. manger le soir = ...
4. manger le midi = ...
5. faire le travail d'école à la maison = ...
6. se reposer = ...
7. faire des jeux électroniques = ...
8. aller au lit = ...

17 Écrivez ce que fait ou ne fait pas cette personne. (section 2)

Exemple : ✗ Je ne fais pas les lits.

1. ✓ Je ....
2. ✓ ....
3. ✓ ....
4. ✗ ....
5. ✗ ....
6. ✗ ....

1 Mon quotidien

18 Sur une feuille, écrivez 50 mots sur qui fait les tâches ménagères chez vous. (section 2)

19 Complétez les phrases avec les mots ou expressions appropriés. (section 3)

1 Moi, je suis écolo, alors je vais au collège ……………………………………… . C'est un peu loin mais c'est ……………………………………… : j'adore discuter avec mes copains !

2 Je préfère prendre le bus, c'est plus rapide et moins ……………………………………… .

3 Je n'aime pas aller au collège à vélo parce qu'il y a trop de ……………………………………… dans les rues.

4 En Afrique, les enfants font souvent une heure de ……………………………………… pour aller à l'école.

5 Tu ……………………………………… combien de temps pour aller au collège ?

6 Mon trajet est super parce que mon père ……………………………………… en voiture le matin.

20 Reliez les mots pour reconstituer les expressions, comme dans l'exemple. (section 4)

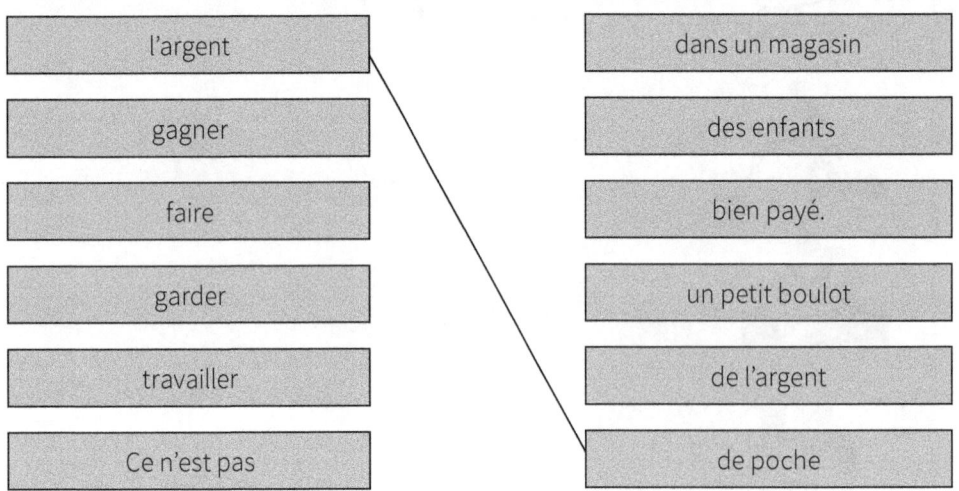

21 Sur une feuille, écrivez un paragraphe d'environ 50 mots sur l'argent de poche et les petits boulots. Utilisez TOUS les mots de l'exercice 20.

Cambridge IGCSE and O Level French as a Foreign Language

22 Déchiffrez ce texte : indiquez la ponctuation et les espaces entre les mots, comme dans l'exemple. (section 5a)

Je / m'appelle / Dylan. Jevaisdansuncollègeprivémixtellyaenviron 500élèvesJesuisenquatrièmeDansmaclassenoussommestrenteJe n'aimepasmaclasseparcequelesélèvesnesontpassympaJeprépare unexamenetjeveuxobtenirdebonnesnotespourpouvoiraller en sectioninternationaleJ'aimebeaucoupfairedeséchangesscolaires Commeactivitésextra-scolairesjefaisduthéâtreetdeladanse

23 Sur une feuille, réécrivez le texte en l'adaptant pour parler de vous.

24 Retrouvez les noms des matières scolaires dans les anagrammes. Ajoutez *le, la, l'* ou *les*. (section 5c)

1 sinraçaf = ...le........ ....français........
2 oishitre-égo = ...
3 hisypeuq-imihec = ...
4 trasplitquasse = ...
5 uqimuse = ...
6 quammithéaste = ...

25 Complétez les voyelles dans le nom des endroits du collège. Ajoutez *le, la* ou *les*. (section 5d)

1 ..le.. f.o.y.e.r
2 .... c....nt....n....
3 .... c........ r d.... r....cr........ t........ ....n
4 .... g....mn....s....
5 .... s....ll.... d.... cl....ss....
6 .... d....rt........ rs

26 Sur une feuille, décrivez votre collège et utilisez les 12 adjectifs de l'encadré. Attention à l'accord masculin / féminin et pluriel !

(trop) grand – petit – ancien – moderne – vieux – neuf
accueillant – agréable – confortable – bien équipé – calme – bruyant

1 Mon quotidien

27 Complétez les noms de matières de votre choix et vos opinions avec les expressions appropriées. (section 6)

Exemple : Les maths, je déteste ça !

1 .... , ...
2 .... , ...
3 .... , ...
4 .... , ...
5 .... , ...

28 Complétez les phrases avec les mots de l'encadré. (section 7)

à – d'abord – de…à – ensuite – entre…et – Finalement – jusqu'à – puis – vers

1 Le matin, je me lève ......à...... 7h00 exactement.

2 .... 7h00 .... 7h15, je vérifie mes messages sur mon portable.

3 Je quitte la maison .... environ 7h45.

4 Le matin, on a cours .... 8h45 .... 12h00.

5 L'après-midi, on a cours .... 17 heures et après, on rentre à la maison.

6 À la maison, je fais .... mes devoirs, ... je dîne avec mes parents et ...., je regarde un peu de télé. ...., il est 10h30 quand je me couche.

Cambridge IGCSE and O Level French as a Foreign Language

2 La pleine forme

Le coin grammaire

Les articles

1. **Complétez avec un article défini (*le*, *la* ou *les*), indéfini (*un*, *une* ou *des*) ou partitif (*du* ou *de la*). Attention au genre des noms : masculin (mots en italiques) ou féminin (mots soulignés).**

   Les aliments préférés de Tom, ce sont [1] ......*les*...... *légumes*. Il adore [2] .... salade : « Je prends [3] .... *poivron* jaune, [4] .... courgette, [5] .... grosse tomate et [6] .... carottes. Je coupe [7] .... *poivron*, [8] .... courgette et [9] .... tomate en morceaux. J'ajoute [10] .... carottes. Je mets aussi [11] .... sauce vinaigrette ou [12] .... *yaourt*. Avec [13] .... *pain* frais, c'est délicieux ! »

2. **Complétez avec un article défini, indéfini ou partitif, ou avec *à* / *de* + article défini.**

   Anna préfère [1] .....*les*....... fruits. Elle aime les tartes [2] .... fruits, mais aussi [3] .... salade de fruits : « Je prends [4] .... ananas, [5] .... petites bananes, [6] .... pommes vertes et [7] .... belles cerises. (En hiver, ce ne sont pas [8] .... cerises fraîches, bien sûr.) La couleur [9] .... fruits, c'est important ! Je ne mets pas [10] .... fraises parce que j'y suis allergique. Je ne mets pas [11] .... sucre et je n'aime pas [12] .... crème mais quelquefois, j'ajoute [13] .... glace [14] .... vanille ou [15] .... citron, ou même [16] .... chocolat fondu. Miam ! »

Les adjectifs

3 Faites correspondre les noms et les adjectifs. Attention à l'accord et au sens !

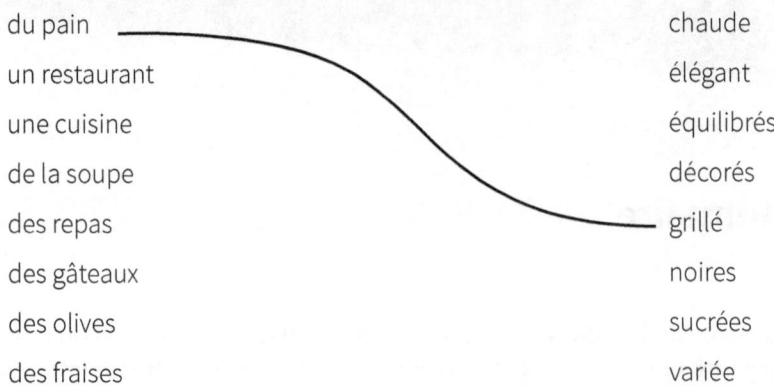

du pain — chaude
un restaurant — élégant
une cuisine — équilibrés
de la soupe — décorés
des repas — grillé
des gâteaux — noires
des olives — sucrées
des fraises — variée

4 Complétez le texte avec les noms et les adjectifs. Attention à la position et à l'accord des adjectifs.

[1] cher / Marie ......*Chère Marie,*......

[2] bon / nouvelle .... : on a un

[3] nouveau / restaurant .... , installé dans une

[4] vieux / maison .... du centre-ville (tu sais, la

[5] grand / blanc / maison .... sur la place ?).

La cuisine est [6] italien .... et les pizzas sont

[7] délicieux .... Elles sont faites de la

[8] traditionnel / façon .... , avec des

[9] frais / olives .... et de

[10] petit / morceaux .... de fromage. Il y a des

[11] génial / desserts .... , comme le tiramisu aux fruits. La seule

[12] négatif / impression .... : les serveurs sont tous

[13] français .... et ils parlent avec un

[14] faux / italien / accent .... Dommage !

Les adjectifs démonstratifs

5 Remplacez l'article par l'adjectif démonstratif *ce, cet, cette* ou *ces*. Attention au genre des noms !

1 ......*cette*...... l'activité
2 .... l'abricot
3 .... l'ananas
4 .... la brasserie
5 .... le restaurant
6 .... les frites
7 .... les ingrédients
8 .... le jus de fruits
9 .... l'olive
10 .... la plage
11 .... les plats
12 .... les spécialités

Cambridge IGCSE and O Level French as a Foreign Language

6 Vous travaillez dans la cuisine d'un restaurant. Posez des questions au cuisinier en utilisant un adjectif démonstratif + -ci / -là.

Ajoutez deux autres mots de votre choix à la fin de l'exercice.

1 l'abricot : *Cet abricot-ci ou cet abricot-là ?*
2 l'ananas : ....
3 les frites : ....
4 les ingrédients : ....
5 le jus de fruits : ....
6 l'olive : ....
7 les plats : ....
8 les spécialités : ....
9 ....
10 ....

Les pronoms démonstratifs

7 Complétez la grille avec *celui-ci, celle-ci, ceux-ci, celles-ci*.

	singulier	pluriel
masculin		
féminin		

8 Aidez des visiteurs à choisir un endroit où boire et manger : complétez les phrases.

1 Une pizzeria ? ......*Celle-ci*...... est chère mais ......*celle-là*...... est bon marché.
2 Un café ? .... est sympa mais .... n'est pas accueillant.
3 Une brasserie ? .... est belge mais .... est française.
4 Les restaurants ? .... sont élégants mais .... ne sont pas chers.
5 Les sucreries ? .... sont ouvertes en été mais .... sont fermées.

9 Complétez ces critiques de cafés et restaurants avec un mot de l'encadré.

La pizza – *Le café* – Les desserts – Les crêpes – Le poisson – Les jus de fruits

1 ....*Le café*............ ? Celui de *La Maison du Café* est très fort.
2 .... ? Celui du *Restaurant du Port* est vraiment bon !
3 .... ? Celles de *La Belle Bretonne* sont traditionnelles.
4 .... ? Celle de *La Casa Pietro* est excellente.

2 La pleine forme

5 ....? Ceux de *L'Oranger* sont très frais.

6 ....? Ceux de *La Sucrerie Saint-Jean* sont trop sucrés.

10 Sur une feuille, écrivez d'autres critiques comme celles de l'exercice 9.
   1 Les croissants ? *La Pâtisserie du Centre* – faits au beurre
   2 Les glaces ? *Le Bar de la Plage* – variées
   3 Les sandwiches ? *La Boulangerie Martin* – pas chers
   4 Le thé ? *Le Salon de Pauline* – le meilleur
   5 La cuisine végétarienne ? *L'Artichaut* – simple mais bonne

Les adjectifs possessifs

11 Écrivez les phrases dans le bon ordre. Attention aux adjectifs possessifs.
   1 mais sa / père sont français / grands-parents aussi. / mère est / Djamel et son / tunisienne / et ses

   Djamel et son... ....

   ....

   ....

   2 à Marseille / sœur vit / frère habite / parents / « Ma / mais mon / à Tunis. » / avec mes

   ....

   ....

   3 et ta / passeport est / parents sont français / ville d'origine est Paris ? » / belge, mais tes / « Ton

   ....

   ....

   4 mais dans notre / le couscous et le tajine. » / plats préférés sont / famille, nos / « Nous habitons à Lyon

   ....

   ....

   5 souvent à Alger / cousins ? » / pour voir votre / « Vous allez / tante et vos

   ....

   ....

   6 pays d'origine / aux États-Unis. / est le Liban / mais leurs / Leur / enfants vivent

   ....

   ....

12 Regardez l'arbre généalogique, puis faites les exercices a–c. Attention : il y a quelquefois plusieurs bonnes réponses.

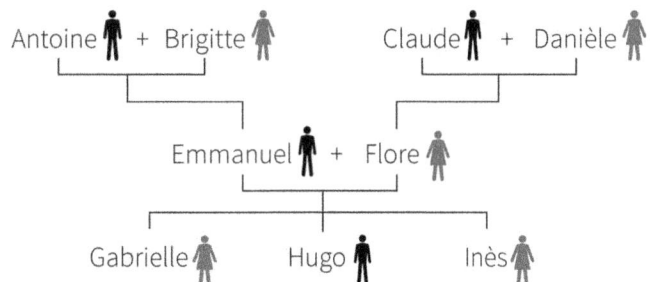

a **Complétez avec *mon, ma, mes, notre* ou *nos*. Qui parle ?**

Exemple : « ......Mes...... parents s'appellent Antoine et Brigitte. » ......Emmanuel......

1 « .... petites-filles s'appellent Gabrielle et Inès. » ....

2 « .... père, c'est Antoine. » ....

3 « .... mère s'appelle Danièle. » ....

4 « .... fils s'appelle Hugo. » ....

b **Complétez avec *son, sa, ses, leur* ou *leurs*. Qui est-ce ?**

5 .... parents s'appellent Claude et Danièle. ....

6 .... sœur s'appelle Inès. ....

7 .... parents s'appellent Emmanuel et Flore. ....

8 .... frère s'appelle Hugo. ....

9 .... père s'appelle Emmanuel. ....

c **Complétez avec *ton, ta, tes, votre* ou *vos*. À qui s'adresse la question ?**

10 « .... grand-mère s'appelle Brigitte, c'est ça ? » ....

11 « .... sœurs, ce sont Gabrielle et Inès, c'est ça ? » ....

12 « Est-ce que .... enfants s'appellent Gabrielle, Hugo et Inès ? »
....

13 « .... mari, c'est Emmanuel ? » ....

2 La pleine forme

L'impératif

13 Complétez ces phrases à l'impératif pour donner des conseils.
(Attention: seulement un verbe, mot de négation ou pronom réfléchi par espace. * = verbe au pluriel) Ensuite, sur une feuille, traduisez les phrases dans votre langue.

manger	Mange......................	des légumes.
	Ne mange pas..........................	trop de chocolat.
choisir	....	une activité physique.
finir	*Finissez.......................	vos devoirs.
aller	....	souvent à la piscine.
	*................................ allez pas	au collège en voiture.
boire	....	de l'eau après le sport.
	*Ne .... pas	trop de café.
prendre	....	souvent ton vélo.
	*Ne prenez	l'ascenseur.
se concentrer	Concentre-.....................	sur ton travail.
	*........................... -vous	sur vos cours.
se coucher	Ne .... couche pas	trop tard.
	*...................... vous couchez pas	avec votre téléphone.
se lever	*Ne vous .... pas	à midi.
s'endormir	.... -toi	avant 23 heures.
	Ne ....endors pas	sur ton clavier.

14 Sur une feuille, écrivez vos conseils de santé pour des camarades de classe (six phrases). Utilisez des verbes variés et des formes affirmatives et négatives.

Exemples : Hugo, mange beaucoup de chocolat.

Ne te lève pas trop tôt !

Léa et Chloé, buvez…

Mieux apprendre

Regroupez les mots par famille, ils seront plus faciles à apprendre.

15 Sur une feuille, recopiez les mots par catégorie : fruits, légumes, viande, aliments sucrés, boissons, etc. (sections 1a, 1b, 1c, 1d)

Ajoutez autant de mots que possible à ces catégories. Ajoutez aussi des adjectifs : *le lait frais…*

Cambridge IGCSE and O Level French as a Foreign Language

Entraînez-vous au vocabulaire

16 Complétez les noms d'aliments avec des voyelles. Ajoutez *le*, *la*, *l'* ou *les*. (section 1)

1. la — fraise
2. ...... — ananas
3. ...... — poivron
4. ...... — haricots verts
5. ...... — jus de fruits
6. ...... — agneau
7. ...... — pâtisserie
8. ...... — amande
9. ...... — fromage
10. ...... — fruits de mer

17 Reconstituez les expressions. Ensuite, complétez les deux listes. (sections 2 et 3)

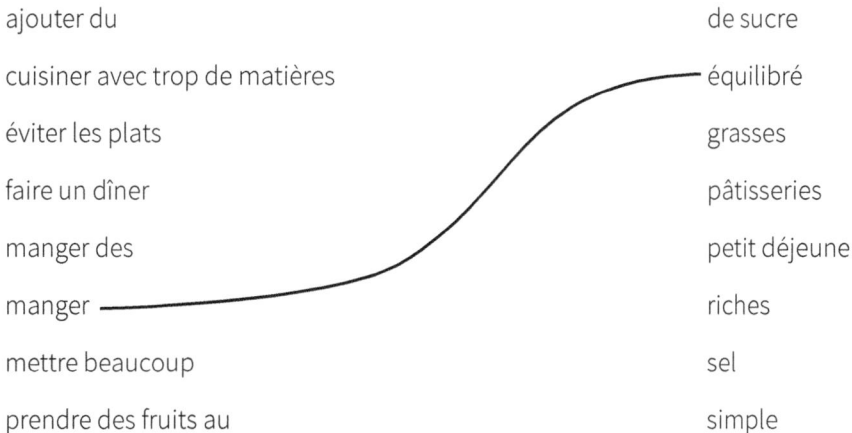

C'est bon pour la santé	C'est mauvais pour la santé
manger équilibré	

2 La pleine forme

18 Complétez les huit noms d'endroits où boire et manger. (ABC section 4)

		l	e		b	a	r				
		l	a		b	a				e	
		l	a		c	a					a
		l	e		c	a	é				
			l	a			c				e
l	a		p			a					
		l	e	r		a	u	r		e	
l	e	r				a	t				

19 Sur une feuille, écrivez au moins 10 phrases avec les débuts et les fins de phrases ci-dessous. (ABC sections 4, 5 et 6)

Exemple : **1 – a** *Le patron fait à manger toute la journée.*
 1 – e *Le patron fait la cuisine comme en Belgique.*

1 Le patron fait
2 On sert
3 C'est situé
4 L'accueil est
5 On peut boire
6 On trouve
7 On mange

a à manger toute la journée.
b de la cuisine traditionnelle.
c des plats du monde entier.
d des spécialités.
e la cuisine comme en Belgique.
f près du centre.
g sympa.
h un verre avec des copains.

20 Adaptez vos phrases de l'activité 19 avec des mots de l'activité 18.

Exemple : À *la brasserie, le patron fait la cuisine comme en Belgique.*

....
....
....
....
....
....
....
....
....

Cambridge IGCSE and O Level French as a Foreign Language

21 Jules a toujours mal quelque part ! Reliez les expressions et les parties du corps. (section 7a)

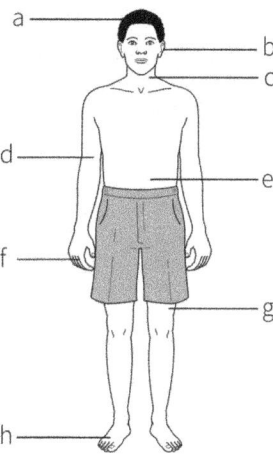

Il a mal …

1 au bras   d
2 à la gorge   ☐
3 à la jambe   ☐
4 à la main   ☐
5 aux oreilles   ☐
6 aux pieds   ☐
7 à la tête   ☐
8 au ventre   ☐

22 Complétez ce que dit Jules avec les mots de l'encadré. (section 7a)

| brûlé – enrhumé – fièvre – piqûres – saigne – *tête* – tousse – ventre |

1 J'ai mal à la ....tête.................. parce que j'ai la grippe.
2 Je .... beaucoup parce que j'ai mal à la gorge.
3 J'ai mal au nez parce que je suis ....
4 J'ai de la .... parce que j'ai la grippe.
5 Je fais une réaction allergique aux .... d'insecte.
6 Je suis .... au bras parce que j'ai un coup de soleil.
7 J'ai mal au .... parce que j'ai trop mangé.
8 Je suis blessé à la main et je ....

23 Vous êtes le médecin de Jules. Sur une feuille, écrivez votre diagnostic comme dans les phrases 1 à 8 de l'exercice 22.

Exemple : **1** *Jules a mal à la tête parce qu'il a la grippe.*

2 La pleine forme

3 Une famille à l'étranger

Le coin grammaire

Les pronoms relatifs : *qui* et *que*

1   Inventez une fin amusante aux phrases.

Rappel : ***Qui*** est sujet du verbe. ***Que / qu'*** est objet du verbe. ***À qui, avec qui, pour qui*** est objet du verbe.

Exemple : J'ai un frère qui est astronaute sur Mars.

1   J'ai un grand-père que ....

2   J'ai une sœur avec qui ....

3   J'ai une cousine à qui ....

4   J'ai un oncle que ....

5   J'ai un copain que ....

2   Reliez les débuts aux fins de phrases.

Jeanne Morel est une fille qui	Clément parle très bien.
Jeanne est une fille pour qui	habite à Paris.
Jeanne a un grand frère qu'	elle pourrait faire un échange.
Jeanne aimerait trouver une fille avec qui	Clément recherche.
Clément a une grand-mère qu'	elle ne voit pas beaucoup.
L'italien est une langue que	il voit très souvent.
C'est une famille d'accueil que	la famille est importante.

Les pronoms compléments d'objet direct (COD)

3 Lisez les messages (1–7) de Juliette, fille au pair au Canada. (Livre de l'élève, 3.03)
De qui / de quoi parle-t-elle ? Attention aux pronoms COD (en gras dans le texte).

1	Je vais sur le Saint-Laurent pour **les** voir !	a	a	les baleines
2	Je **les** trouve désagréables.		b	les enfants
3	Moi, je **le** trouve horrible !		c	l'appartement
4	Je **la** trouve assez sympathique.		d	la mère
5	Je **l'**adore, il est très confortable.		e	le père
6	Je **te** contacte sur Skype !		f	ses parents
7	Je **vous** appelle bientôt.		g	son amie

4 Qu'est-ce que Karim a pensé de sa famille d'accueil ? Complétez les phrases au passé composé. Attention à l'accord du participe passé !

Exemple : La famille marocaine ? [adorer] .... Je l'ai adorée !..

1   Les enfants ? [bien comprendre] ....
2   La mère ? [beaucoup admirer] ....
3   Le père ? [un peu aider] ....
4   Mon expérience au Maroc ? [pas regretter] ....

Les pronoms relatifs : *ce qui, ce que*

5 Soulignez l'option correcte. Attention ! *Ce qui* est sujet et *ce que / ce qu'* est objet du verbe.

Exemple : Ce qui <u>m'intéresse</u> / je déteste, c'est aller au musée.

1   Le cinéma ? C'est ce qui **j'aime le moins / me plaît** le plus !
2   Ce que **je trouve ennuyeux / me passionne**, c'est le théâtre.
3   Se retrouver entre copains, c'est ce que **est nul / j'aime le plus**.
4   Le sport, c'est ce qui **t'intéresse le plus / tu n'aimes pas** ?

3 Une famille à l'étranger

6 Répondez aux questions. Utilisez *ce qui* et *ce que*.

1 Qu'est-ce que tu voudrais faire pendant les prochaines vacances ?

Exemple : Ce que je voudrais faire, c'est aller à la plage.

....

....

2 Qu'est-ce que tu aimes faire le week-end ?

....

....

3 Qu'est-ce qui t'intéresse, le sport ou les activités culturelles ?

....

....

4 Qu'est-ce qui te plaît le plus quand tu voyages?

....

....

5 Qu'est-ce que tu préfères faire avec tes copains ?

....

....

Les pronoms compléments d'objet indirect (COI)

7 Mettez les fins de phrases dans le bon ordre. Attention à la position du pronom !

Exemple : Appelle ton père et ...dis-lui bonjour...

lui / bonjour / dis-

1 Je téléphone à mes parents et ....

je / nouvelles / leur / les / raconte.

2 Le nouveau voisin est sympa et ....

lui / dis / bonjour / le / je / matin.

3 J'adore ma grand-mère et ....

qu'elle / je / la / lui / toujours / préfère. / fais / tarte

4 J'ai deux demi-sœurs mais ....

vois / je / les / leur / rarement. / parle / et

8 Répondez en remplaçant les mots souligués par le bon pronom COI.

Rappel : *lui* et *leur* sont masculins et féminins. Attention ! Pas d'accord du participe passé avec le COI.

Exemple : Tu as dit merci <u>à ta mère</u> ? Oui, je <u>lui</u> ai dit merci.

1   Tu as parlé <u>à tes parents</u> de ton séjour au pair ?

    Bien sûr, ...

2   Tu as dit merci <u>à ta grand-mère pour ce cadeau</u> ?

    Naturellement, je ....

3   Tu as envoyé une carte d'anniversaire <u>à ton oncle</u> ?

    Non, je ....

4   Tu penses faire un cadeau de Noël <u>aux deux petites filles</u> ?

    Bien sûr, je ....

Le passé composé

9 Entourez les verbes qui utilisent *avoir* au passé composé, et soulignez ceux qui utilisent *être*.

aller   arriver   <u>descendre</u>   faire   monter   mourir   (manger)   partir

passer   rentrer   rester   s'ennuyer   sortir   tomber   venir

10 Écrivez les participes passés irréguliers: le nombre de lettres est indiqué.

1   avoir :   ..e.. ..u..   7   mourir :   ....
2   boire :   8   naître :   ....
3   être :   9   pouvoir :   ....
4   faire :   .... 10 prendre :   ....
5   lire :   ....   11 rire :   ....
6   mettre :   ....   12 venir :   ....

11 Sur une feuille, inventez des phrases au passé composé avec ces formules.

Rappel : le participe passé s'accorde avec le sujet quand les verbes utilisent *être*.

Exemple : 1 Elle <u>a pris</u> un bus, elle <u>est allée</u> en ville et elle <u>a bu</u> un café.

1   Elle + prendre + aller + boire
2   Marie + se lever + sortir + arriver
3   Pierre + s'amuser + faire + rentrer
4   Les cousins + passer + rester
5   Mes sœurs + vouloir + ne pas pouvoir + s'ennuyer
6   Mes grands-parents + naître + partir + venir + mourir

3 Une famille à l'étranger

L'imparfait et le passé composé

12 Lisez le journal d'une jeune fille au pair. Écrivez les verbes à l'imparfait ou au passé composé.

« Hier, je [1] *me suis bien amusée* [bien s'amuser]. Je [2] .... [se lever] tôt. Comme c'[3] .... [être] la fête nationale, les parents ne [4] .... [travailler] pas et nous [5] .... [aller] au bord de la mer, là où le père [6] .... [passer] toutes ses vacances quand il [7] .... [être] petit. Les enfants [8] .... [être] très contents ! Nous [9] .... [passer] la journée sur la plage et nous [10] .... [se baigner], mais il ne [11] .... [faire] pas très beau !

13 Sur une feuille, imaginez le reste de la journée en 50 mots. Utilisez au moins quatre participes passés irréguliers.

Mieux apprendre

Ces 10 verbes les plus utilisés en français (en ordre de fréquence) sont irréguliers. Apprenez-les par cœur !

14 Recopiez la grille sur une feuille et complétez-la quand vous apprenez les temps.

		traduction	présent	passé composé
1	être		je suis, nous … ils …	j'ai été, nous … ils …
2	avoir			
3	faire			
4	dire			
5	pouvoir			
6	aller			
7	voir			
8	savoir			
9	vouloir			
10	venir			

		imparfait	futur*	conditionnel*
1	être	j'étais, nous … ils …	je serai, nous … ils …	je serais, nous … ils …
2	avoir			
3	faire			
4	dire			
5	pouvoir			
6	aller			
7	voir			
8	savoir			
9	vouloir			
10	venir			

* Livre de l'élève Unité 4, section 4.06

15 Pour chaque verbe, écrivez une phrase au temps de votre choix (vous devez utiliser les cinq temps).

1 ....
2 ....
3 ....
4 ....
5 ....
6 ....
7 ....
8 ....
9 ....
10 ....

3 Une famille à l'étranger

Entraînez-vous au vocabulaire

16 Lisez les définitions et écrivez le nom de la personne. (section 1)

1 C'est la fille de ma grand-mère mais ce n'est pas ma tante.

C'est ma ....

2 Ce sont le père et la mère de mes frères et sœurs.

Ce sont mes ....

3 Mon oncle, c'est le .... de mon père ou ma mère.

4 C'est la mère de mes cousins.

C'est ma ....

5 C'est la mère du frère de mon père.

C'est ma ....

6 C'est le fils de mon oncle.

C'est mon ....

17 Lisez les mots et inventez des définitions comme dans l'exercice 16. (section 1)

1 cousine : ....

....

2 oncle : ....

....

3 belle-fille : ....

....

4 beau-père : ....

....

18 Ces mots ont-ils un sens positif ou négatif ? Entourez les mots positifs et soulignez les mots négatifs. (section 2)

drôle   étrange   génial

(courageux)   doux   formidable   gentil

impoli

impatient   optimiste   insupportable

sévère

souriant

stressé   sympa   triste

Cambridge IGCSE and O Level French as a Foreign Language

19 Lisez les définitions et trouvez le bon adjectif dans la liste de l'exercice 18. Attention aux accords ! (ABC/XYZ section 2)

Exemple : Il est un peu bizarre. ....*étrange*..................

1 Il n'a jamais peur. ....
2 Elle ne sait pas attendre. ....
3 Elles ne parlent pas gentiment aux gens. ....
4 Ils sont très amusants. ....
5 Il a beaucoup de problèmes qui l'inquiètent. ....
6 Elle n'est vraiment pas joyeuse. ....
7 Ils sont stricts avec la discipline. ....
8 Elle est vraiment très désagréable. ....

20 Complétez les noms de profession dans les phrases. Attention à la terminaison ! (ABC/XYZ section 3)

1 Mes parents sont agricult..*eurs*........ .
2 Mon frère est act................ et sa femme est décorat................ .
3 Il aimerait devenir pharmac................ ou chirurg................ .
4 Le métier d'architect................ ou de stylist................ m'intéresse.
5 Elle ne voudrait pas être vend................ ni employ................ de bureau.
6 Mon père est coiff................ et ma mère est infirmi................ .

21 Devinez les lieux de loisirs. (ABC/XYZ section 5)

1 On y fait de la natation.

   la piscine..................

2 On peut y faire des sports de glisse.

   .... et ....

3 On y va pour faire du cheval.

   ....

4 On y voit des pièces ou concerts.

   ....

5 On y emprunte des livres.

   ....

6 On y va pour courir ou jouer au ballon.

   .... et ....

3 Une famille à l'étranger

22 Complétez et reliez les questions (1–6) et réponses (a–f). (sections 6–9)

| comme – libre – égal – heureux – *présente* – qu'est-ce qu' – réserver |

1 Je me ....*présente*.... : je suis Isabelle. [d]
2 Tu voudrais aller au ciné ce soir ? [ ]
3 Vous avez une table de .... en terrasse ? [ ]
4 Qu'est-ce que vous avez .... entrée ? [ ]
5 .... il y a dans la salade ? [ ]
6 Allô. Je voudrais .... des places pour ce soir, s'il vous plaît. [ ]

a Oui, si tu veux, ça m'est ....
b Ah, désolé. C'est complet ce soir.
c J'en ai une mais elle est à l'intérieur.
d Enchanté, ... de faire votre connaissance.
e De la laitue, des tomates et du thon.
f Il y a une soupe ou une salade.

23 Sur une feuille, inventez une conversation pour les situations suivantes.

1 Au restaurant avec un ami et sa mère (vous ne la connaissez pas encore)
2 Au cinéma avec votre copain qui adore la science-fiction (pas vous !)

Cambridge IGCSE and O Level French as a Foreign Language

4 Faites la fête !

Le coin grammaire

Le futur

1. Complétez ces phrases au futur avec le verbe *aller* : vais, vas, va, allons, allez, vont.

   1. Je ....vais.......... sortir demain.
   2. Léa et Samia .... faire un gâteau.
   3. Louane .... chanter ce soir.
   4. Nous .... préparer une surprise.
   5. On .... manger au restaurant.
   6. Pierre et Mo .... jouer de la musique.
   7. Tu .... danser ce week-end ?
   8. Vous .... inviter les voisins ?

2. Sur une feuille, écrivez six phrases au futur, chacune avec une forme différente de *aller*.

3. Ajoutez les terminaisons du futur simple : *a, ai, as, ez, ons, ont*

	fêter
je	fêter*ai*
tu	fêter ....
il / elle / on	fêter ....
nous	fêter ....
vous	fêter ....
ils / elles	fêter ....

4 Faites la fête !

4   Reliez l'infinitif et le radical de ces verbes irréguliers.

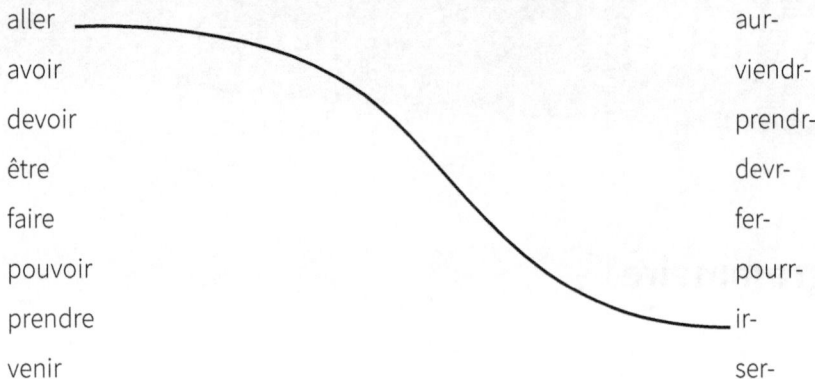

aller	aur-
avoir	viendr-
devoir	prendr-
être	devr-
faire	fer-
pouvoir	pourr-
prendre	ir-
venir	ser-

5   « Le week-end prochain » : faites quatre phrases au futur simple. Utilisez *je, il / elle, nous, ils / elles* + deux verbes réguliers et deux verbes irréguliers.

   Exemple : aller – *J'irai peut-être à la fête.*

   1   ....
   2   ....
   3   ....
   4   ....

6   Présent, futur avec *aller* ou futur simple ? Écrivez la forme la plus logique.

   1   *appelle, appellerai, vais appeler*
       Tu as appelé ta grand-mère ?

       Je / J' .... dans cinq minutes.

       Je / J' .... ce soir.

       Je / J' .... quand j'aurai le temps.

   2   *achèterai, achète, vais acheter*
       C'est l'anniversaire de Papa demain !

       Je n'ai pas d'argent. Je / J' .... un cadeau à Noël.

       Je / J' .... un cadeau en ville cet après-midi.

       Je finis ce texto, puis je / j' .... un cadeau en ligne.

   3   *vais revenir, reviens, reviendrai*
       Marie, tu sors ?

       Oui, je .... pour dîner.

       Oui, je .... dans dix minutes.

       Oui, je .... tard, je ne sais pas quand.

7   Reliez les moitiés de phrases.

Ma chambre ? Une minute, — je conduirai une moto.

J'irai peut-être vivre à Paris — je me lève et je la range.

Quand j'aurai l'âge, — la semaine prochaine.

Je ne peux pas sortir ce soir, — on fête l'Aïd en famille.

Je vais faire ma bat mitsva — on va manger un gâteau.

Ce soir pour le dessert, — quand je serai adulte.

Utiliser des temps variés

Lisez le texte sur la culture de la tomate à la page 38. Attention ! Les phrases sont dans le désordre.

8   Remplissez la grille avec les verbes du texte.

présent	est, …
imparfait	
passé composé	
aller + infinitif	
futur simple	

9   Soulignez les sept connecteurs logiques et expressions de temps du texte, comme dans l'exemple *Autrefois*.

10   Où se place le connecteur ou le pronom COD quand le verbe est au passé composé ou au futur avec *aller* ? Trouvez trois exemples.

....

....

....

11   Maintenant, numérotez les lignes pour les remettre dans l'ordre (la première est indiquée).

4   Faites la fête !

LA CULTURE DE LA TOMATE

- [1] <u>Autrefois</u>, on cultivait des tomates très variées.
- [ ] Les supermarchés préféraient les tomates rouges, rondes et faciles à transporter.
- [ ] et les clients viendront de très loin !
- [ ] Ces tomates étaient grosses, petites, rondes, allongées, rouges, jaunes ou même noires.
- [ ] et maintenant, c'est difficile de trouver des tomates anciennes.
- [ ] Les agriculteurs ont alors arrêté de cultiver les tomates qui n'étaient pas rondes ou rouges
- [ ] Les gens ont commencé à faire leurs courses au supermarché.
- [ ] Au début, Manon va les vendre au marché.
- [ ] Paul et Manon, des agriculteurs français, ne sont pas contents.
- [ ] Paul va donc recommencer à cultiver des tomates jaunes, noires, allongées…
- [ ] Puis le monde a changé.
- [ ] Tous les deux préfèrent les tomates anciennes.
- [ ] Un jour, Paul et Manon ouvriront peut-être un magasin

12   Sur une feuille, continuez l'histoire de Paul et Manon. Utilisez des verbes au présent, au passé et au futur, et aussi des connecteurs logiques. Est-ce que l'histoire se finit bien ou mal ? Écrivez 100 mots.

Exemple :

Paul et Manon ont ouvert leur magasin.
Au début, il n'y avait pas beaucoup de clients…

Exprimer la condition

13   Recopiez dans le bon ordre ces phrases avec *si*. Commencez par un mot avec une majuscule.

1   c'est facile / Festival des Vieilles Charrues. / en Bretagne, / Si on habite / d'assister au

   ....

2   le Rêve de L'Aborigène / moins familiale. / va devenir / Si le festival / l'ambiance / se développe,

   ....

3 si on a / les festivals / comme bénévole dans / On peut travailler / plus de 18 ans.

....

4 si le groupe *Chocolat* / j'irai certainement / est au programme. / Cet été, / au festival des Eurockéennes

....

14 Quelles phrases de l'activité 13 sont entièrement au temps présent ? Quelles phrases ont un verbe au futur ?

....

15 Sur une feuille, écrivez deux phrases avec *si* entièrement au temps présent et deux autres avec un temps futur.

16 Complétez la grille.

Rappel : le conditionnel = radical du futur + terminaisons de l'imparfait.

infinitif	conditionnel
visiter	.... visiteriez
choisir	nous .... ions
avoir	ils / elles aur........................
....	tu irais
être	.... / .... / .... serait
prendre	je prendr........................

17 Écrivez la bonne forme des verbes au conditionnel présent.

Rappel : *si* + verbe à l'imparfait, + verbe au conditionnel

Exemple : Je n'ai pas de voiture. Si j'en [avoir] <u>avais</u> une, je ne [prendre] <u>prendrais</u> pas le bus.

1 Je parle seulement ma langue. Si je [parler] .... d'autres langues, je [pouvoir] .... voyager plus facilement.

2 J'ai 17 ans. Si j' [être] .... plus âgé, j' [aller] .... dans des festivals tout l'été.

4 Faites la fête !

Mieux apprendre

Imparfait, futur ou conditionnel ? Dans la terminaison d'un verbe au futur ou au conditionnel, il y a toujours la lettre **r**.

imparfait : *je jouais*
futur : *je jouerai*
conditionnel : *je jouerais*

Futur ou conditionnel ? Ils se ressemblent mais attention aux différences !

j'irai	*j'irais*
tu iras	*tu irais*
il ira	*il irait*
nous irons	*nous irions*
vous irez	*vous iriez*
ils iront	*ils iraient*

Le **contexte** aide aussi à comprendre le sens de la phrase.

18 Présent, imparfait, futur ou conditionnel ? Complétez les phrases avec un verbe de la liste.

> aller – assister – continuer – devenir – faire – être (x2) – voir

1. Si Lou <u>allait</u> à la fête, elle <u>serait</u> contente, mais elle doit rester chez elle.
2. Lucas n'est pas riche. S'il .... riche, il .... au carnaval de Rio.
3. Félix pense qu'il fera beau demain. S'il .... beau, il .... au concert en plein air.
4. Sara rêve de rencontrer son chanteur préféré. Si elle le .... , elle .... très heureuse.
5. Jade chante dans un groupe. Elle .... peut-être célèbre si elle ....

19 Pour chaque verbe, indiquez s'il est à l'imparfait (I), au futur (F) ou au conditionnel (C).

« Quand j'*étais* [..I..] petit, je montais [......] sur une chaise et je chantais [......]. Tout le monde applaudissait [......]. Et maintenant ? Si je dansais [......] comme Elvis, je pourrais [......] impressionner mes amis. Si je chantais [......] comme une rock star, je serais [......] riche. Bon, je vais prendre des cours et l'année prochaine, je danserai [......], je chanterai [......] et ils seront [......] tous impressionnés. Enfin, je prendrais [......] des cours si j'avais [......] de l'argent ! »

Entraînez-vous au vocabulaire

20 Reliez les définitions et les noms de fêtes. (section 1)

1	une fête publique	a	l'Aïd
2	la fête du jour de la naissance	b	l'anniversaire
3	l'union de deux personnes qui s'aiment	c	la bat mitsva
4	le 1er janvier	d	le carnaval
5	une fête juive	e	le festival
6	une fête musulmane	f	le mariage
7	une fête avec défilés et déguisements	g	le premier de l'An
8	la fête nationale en France	h	le 14 juillet

21 Recopiez le vocabulaire de la fête par catégorie. Ajoutez d'autres mots si vous pouvez. (sections 3 et 4)

l'arbre de Noël, le ballon, la belle robe, la bougie, le cadeau, le chapeau, le costume, la datte, le folk, le gâteau, le masque, la musique traditionnelle, la pâtisserie, le rock, le tambour, la variété, les vêtements neufs

L'habillement	Les accessoires
la belle robe,	

La nourriture	La musique

22 Soulignez la bonne expression de temps, comme dans l'exemple. (section 2b)

<u>Autrefois</u> / Maintenant, Louna n'aimait pas le jazz, mais **il y a un an** / **après**, elle est allée à un festival. **Au début** / **Un jour**, elle a trouvé ça étrange, mais **pour le moment** / **ensuite** elle a commencé à apprécier. **Aujourd'hui** / **Autrefois**, elle est fan de piano jazz. **Pour le moment** / **Avant**, elle écoute beaucoup de pianistes sur YouTube. **De nos jours** / **L'année prochaine**, elle voudrait apprendre à jouer du piano et **un jour** / **depuis longtemps**, elle participera peut-être au festival !

4 Faites la fête !

23 Associez les mots pour trouver le plus grand nombre d'expressions possible. Attention : il y a parfois plusieurs possibilités ! (section 4)

ses amis, son anniversaire, une bonne journée, au carnaval, un concert, une fête, les musiciens, des plats de fête, dans la rue, à un spectacle, tard, des visiteurs

organiser ...une fête...

inviter ....

fêter ....

accueillir ....

applaudir ....

manger ....

écouter ....

se coucher ....

assister ....

défiler ....

passer ....

participer ....

se déguiser ....

24 Identifiez six opinions positives, deux opinions négatives et deux opinions nuancées. (section 5)

1 C'est bon pour le village, mais ce n'est pas assez.   ...nuancée..............................

2 J'attends le concert avec impatience. ....

3 J'ai hâte de voir le spectacle. ....

4 À mon avis, la fête n'est pas bien organisée. ....

5 L'ambiance semble sympathique. ....

6 C'est une fête qui compte beaucoup pour moi. ....

7 C'est une grande chance pour la ville. ....

8 Il y a du pour et du contre. ....

9 C'est une journée que je n'oublierai jamais. ....

10 Il faudrait interdire les défilés sur la place. ....

Cambridge IGCSE and O Level French as a Foreign Language

25 Adaptez quatre phrases de l'exercice 24 pour parler de votre expérience personnelle.

Exemple : L'ambiance au festival de Glastonbury semble sympathique.

....

....

....

....

26 Faites six phrases qui expriment l'intention. (ABC/XYZ section 6)

Exemple : J'ai envie de visiter la ville.

j'ai envie de…	visiter la ville
j'ai l'intention de…	organiser une fête
j'espère que…	avoir une place pour le concert
mon rêve, c'est de…	danser en public

....

....

....

....

....

....

....

....

....

....

4 Faites la fête !

5 Ma ville, demain... ?

Le coin grammaire

La négation : position de *ne... pas*

1. Recopiez ces phrases dans l'ordre. Attention à la position de *ne* et *pas* : ils entourent le verbe conjugué.

   1. Je / pas / ne / France. / vais / en

      Je ne vais pas en France.

   2. ne / On / s' / ici. / habitue / pas

      ....

   3. visité / n' / région ? / la / Vous / avez / pas

      ....

   4. perdu / Je / pas / me / en / ville. / ne / suis

      ....

   5. dans / n' / aller / aime / On / quartiers. / les / pas / vieux

      ....

   6. Je / la / veux / à / pas / campagne. / habiter / ne

      ....

   7. n' / pas / en / Nous / déménager / allons / ville.

      ....

   8. visiter / le / pas / musée. / de / oubliez / N'

      ....

2. Sur une feuille, recopiez ces phrases en disant exactement le contraire !

   Exemple : 1 Je n'aime pas les endroits calmes…

   1. J'aime les endroits calmes. Je voudrais habiter à la campagne parce que je m'intéresse à la nature.
   2. Hier, je me suis bien amusé(e) à Paris. C'était super : j'ai pu visiter Notre-Dame et je suis monté(e) à la tour Eiffel. Je vais explorer le Louvre demain.

3 Inventez une phrase négative avec *ne... pas* pour chaque verbe ci-dessous.

1   tourner (*impératif*) Ne tournez pas à gauche ! ....
2   se déplacer (*présent*) ....
3   descendre (*impératif*) ....
4   faire (*imparfait*) ....
5   prendre (*passé composé*) ....
6   aller (*futur proche*) ....
7   aimer aller (*conditionnel*) ....
8   vouloir faire (*passé composé*) ....

4 Sur une feuille, écrivez huit phrases négatives avec *ne… pas* (comme dans l'exercice 3) sur l'endroit où vous habitez.

Les mots de négation (et restriction)

5 Soulignez le bon mot pour compléter la phrase.

1   Je n'achète **aucun** / <u>**rien**</u>.
2   Il y avait des boutiques mais il n'y en a **plus** / **personne**.
3   Je ne vais **jamais** / **personne** au centre-ville.
4   Il ne veut rentrer dans **aucune** / **rien** boutique !
5   **Aucun** / **Personne** ne veut venir en ville avec moi !
6   Je n'ai **ni** / **que** le temps **ni** / **que** l'argent pour aller en ville.

6 Complétez le message d'Ali avec le bon mot.

aucun(e) – jamais – ni … ni – personne – plus – que – rien

1   Avant, j'habitais à la campagne, mais maintenant, je n'y habite ....
2   Je m'ennuyais dans mon village parce qu'il n'y avait .... à faire.
3   Je viens d'arriver à Casablanca et je ne connais ....
4   Je ne prends .... le tram, je préfère prendre le bus ou marcher.
5   Pour moi qui adore Casa, la ville n'a .... inconvénient, elle n'a .... des avantages !
6   Je ne voudrais retourner habiter .... à la montagne .... à la campagne.

5 Ma ville, demain… ?

7 Écrivez les réponses de Léa au sondage sur le shopping (utilisez les mots entre parenthèses).

1 Vas-tu faire tes courses au centre-ville ? (ne… plus)

Non, je ne vais plus faire mes mes courses au centre-ville.

2 Fais-tu beaucoup d'achats en ligne ? (ne… aucun)

Non, ...

3 Achètes-tu tes chaussures sur catalogue ? en ligne ? (ne… ni… ni)

Non, ...

4 Qu'est-ce que tu achètes en ligne ? (ne… rien)

....

5 Vas-tu souvent dans un hypermarché ? (ne… jamais)

Non, ...

6 Fais-tu tes achats dans un centre commercial ? (ne… que)

Oui, ...

7 Vas-tu dans les magasins de vêtements avec ta mère ? (ne… personne)

Non, ...

8 Écrivez vos réactions aux réponses de Léa et donnez vos réponses personnelles.

Utilisez : *Moi aussi ! Pas moi ! Moi non plus ! Moi si !*

Exemple : *Moi si, je vais faire mes courses au centre-ville !*

1 ....
2 ....
3 ....
4 ....
5 ....
6 ....

Pas + le / la / les, un / une / des, de / d'...

9 Répondez aux questions. Attention à l'utilisation de *pas de* au lieu de *un / une / du / de la / des* (sauf après *ce n'est pas* ou *ce ne sont pas*).

1. Il y a un musée dans la ville ?

   Non, il n'y a pas de musée.

2. Est-ce qu'on vend des timbres ici ?

   Non, ...

3. On peut visiter les églises ?

   Non, ...

4. Il y a un restaurant par ici ?

   Non, ...

5. C'est un restaurant italien ?

   Non, ...

6. Est-ce qu'il y a des boutiques dans cette rue ?

   Non, ...

Le pronom *où*

10 Imaginez un début pour ces phrases !

1. C'est le magasin ....

   où j'ai acheté ce pantalon.

2. ....

   où nous avons habité pendant 10 ans.

3. ....

   où il y a des toilettes !

4. ....

   où il y a des musées et des théâtres ?

5 Ma ville, demain... ?

Le pronom y

11 Répondez aux questions en remplaçant le lieu souligné par *y*.

1. De chez toi, on peut aller <u>au centre-ville</u> à pied ?

   Oui, *on peut y aller à pied.*

2. Il y a des activités culturelles <u>dans ton quartier</u> ?

   Non, ...

3. Tu vas souvent <u>dans un restaurant près de chez toi</u> ?

   Oui, ...

4. L'accès en fauteuil roulant est-il facile <u>en ville</u> ?

   Oui, ...

5. On trouve des espaces verts <u>en ville</u> ?

   Non, ...

Le pronom *en*

12 Soulignez dans les questions les mots qui sont remplacés par « en » dans les réponses.

1. Il y a <u>de la pollution</u> dans ta ville ?
   Oui, il y en a beaucoup, surtout au centre.

2. On trouve des parkings au centre-ville ?
   Non, on en trouve très peu.

3. Il y a beaucoup d'hôtels dans ton quartier ?
   Oui, il y en a quelques-uns.

4. Il y a beaucoup de bus le soir en banlieue ?
   Non, il n'y en a que deux ou trois qui circulent après 23 heures.

5. Es-tu satisfait(e) de ta ville et de ses attractions ?
   Oui, dans l'ensemble, j'en pense beaucoup de bien.

13 Sur une feuille, donnez des réponses personnelles aux questions des exercices 11 et 12. N'oubliez pas d'utiliser *y* et *en*.

Cambridge IGCSE and O Level French as a Foreign Language

Mieux apprendre

Apprenez les mots qui appartiennent à la même famille ou les mots qui vont souvent ensemble.

14 Complétez à l'aide d'un dictionnaire.

Exemple : camp : camper (v.), campeur / euse (n.), camping (n.)

1 accueil : .... (v.) .... (adj.)

2 ouvrir : .... (adj.) .... (n.)

3 facilité : .... (adj.) .... (adv.)

15 Apprenez les synonymes (=) et antonymes (≠). Complétez :

Exemple : animé(e) = vivant(e)

1 accueillant(e) = ...
2 divers(e) = ...
3 propre ≠ ....
4 bruyant ≠ ....
5 difficile ≠ ....

Rappelez-vous aussi les préfixes : *in- / im-, dés-*

6 juste ≠ ....
7 acceptable ≠ ....
8 patient ≠ ....
9 agréable ≠ ....
10 ordonné ≠ ....

16 Apprenez des mots qui vont souvent ensemble. Complétez avec les mots de l'encadré.

Exemple : centre sportif

| aux fleurs – commercial – de bus – de métro – de Noël |
| la place du – -service – sportif – -ville |

1 centre
....

2 station
....

3 marché
....

5 Ma ville, demain... ?

Entraînez-vous au vocabulaire

17 Écrivez de mémoire 12 noms d'endroits dans la ville de « Padipado » – une ville imaginaire où les lettres *i* et *o* sont interdites ! (section 1)

Exemple : le restaurant, la rue

....

....

....

....

....

....

18 Complétez la conversation avec les mots de l'encadré. (section 2)

> à gauche – aller – allez – continuez – excusez – loin – passez
> pourriez – prenez – savez – traversez

– [1] ....-moi. Vous [2] .... s'il y a un marché dans le quartier ?

– Oui, il y en a un ce matin.

– Vous [3] .... me dire où il est, s'il vous plaît ?

– Alors, [4] .... tout droit, [5] .... la première à gauche et [6] .... jusqu'à la place. C'est sur votre gauche.

– C'est [7] .... d'ici ?

– Non, c'est tout près, à cinq minutes à pied d'ici.

– Et de là, pour [8] .... au parc Thiers, s'il vous plaît ?

  Alors [9] .... le pont, [10] .... devant la mairie et c'est [11] ....

19 Choisissez dans l'encadré les 10 mots pour compléter le texte de Léa sur sa ville. Attention aux accords ! (section 3)

| accueillant – activités – bruyante – criminalité – embouteillages – emploi |
| piétonnes – pollué – pratiques – propres – sales – verts – *vivante* – voies |

« Ma ville est touristique et [1] ......*vivante*...... mais parfois [2] ....
La circulation est difficile avec des [3] .... au centre et donc l'air est assez
[4] .... Il y a des déchets dans les rues qui sont [5] ....
Par contre, on trouve des zones [6] .... , interdites aux voitures, et des parcs où on
peut se relaxer, ce qui est agréable. Il y a beaucoup d' [7] .... culturelles et sportives
et le tourisme offre de nombreuses possibilités d' [8] .... La [9] ....
existe mais dans l'ensemble, ma ville est un endroit [10] .... et agréable. »

20 Sur une feuille, écrivez un texte sur votre ville qui contient tous les mots de l'encadré de l'exercice 19 (75–100 mots).

21 Conversations de fous ! Retrouvez la bonne réponse à chaque question. Écrivez les lettres dans la grille. (section 4)

1	2	3	4	5	6	7
d						

1   Bonjour. Je peux vous aider ?
    a   Non, désolée, je n'en ai plus.

2   Je peux essayer cette robe, s'il vous plaît ?
    b   Elles font 120 euros, avec la réduction étudiants.

3   Ces baskets font combien, s'il vous plaît ?
    c   Je fais du 38.

4   Vous faites quelle pointure en baskets ?
    d   Je voudrais retirer 500 euros en billets de 10.

5   Je peux payer par carte de crédit ?
    e   Non, mais on peut échanger si vous avez le ticket de caisse.

5 Ma ville, demain… ?

6 Est-ce que je peux être remboursée ?
   f   Oui, la cabine d'essayage est au fond à gauche.

7 Vous avez ce pull dans la taille en-dessous ?
   g   Non, nous n'acceptons que les espèces.

22 Inventez quatre autres mini-dialogues (question + réponse). Utilisez l'exercice 21 comme modèle.

1 dans les magasins

....

....

2 à la banque

....

....

3 à la poste

....

....

4 aux objets trouvés

....

....

6 La nature – amie, ennemie ou victime ?

Le coin grammaire

Les adverbes

1 **Mettez ces adjectifs au féminin, puis transformez-les en adverbes.**

 1 doux – ....*douce*............ – ....*doucement*............

 2 long – .... – ....

 3 difficile – .... – ....

 4 malheureux – .... – ....

 5 sportif – .... – ....

 6 naturel – .... – ....

2 **Lisez les deux textes, puis remplissez chaque blanc avec un adverbe en -*ment*.**

Je suis heureux car j'habite dans un village et c'est vrai, j'ai de la chance. C'est une chose personnelle, mais je n'aime pas les villes. Les gens sont bruyants quand ils parlent et la circulation est difficile. Quand je vais au cinéma en ville, c'est l'exception. Par contre, j'y vais de façon fréquente pour faire des courses.

[1] ....*Heureusement*........ , j'habite dans un village et j'ai

[2] .... de la chance.

[3] .... , je n'aime pas les villes. Les gens parlent

[4] .... et on y circule

[5] .... [6] .... , je vais au cinéma en ville. Par contre, j'y vais [7] .... pour faire des courses.

3 « Le jeu des contraires » : complétez avec un adverbe. Employez chaque adverbe une fois seulement.

> assez – plus – tout à fait – très – trop – *un peu*

1 Il pleut ....*un peu*............
   Il pleut beaucoup !

2 Il ne fait pas assez chaud.
   Il fait .... chaud !

3 Il pleut trop.
   Il ne pleut pas .... !

4 Il ne fait pas vraiment chaud.
   Il fait .... chaud !

5 Il fait .... froid.
   Il fait moins froid !

6 C'est .... exceptionnel.
   Ce n'est pas vraiment exceptionnel !

4 Recopiez ces phrases dans le bon ordre. Attention à la position des adverbes.

1 magnifiques. / régulièrement / à la montagne / sont / car les paysages / absolument / On se promène

....

....

2 la côte / le cyclone / et les dégâts / sont / a frappé / assez / Malheureusement, / graves.

....

....

3 très souvent / beaucoup / les réserves naturelles / aiment / vraiment / Ils ont / les tortues. / parce qu'ils / visité

....

....

5 Un adverbe peut modifier un adjectif, un verbe, un autre adverbe ou une phrase. Trouvez un exemple de chaque dans les phrases de l'exercice 4 et recopiez-les sur une feuille.

Exemple : on se promène régulièrement = verbe + adverbe

Les expressions d'intensité

6 Complétez les expressions avec *comme, quel, quelle, si* ou *tellement*.

1 ....*Quel*.............. vent !

2 Un vent .... fort !

3 .... il fait chaud !

4 Une chaleur .... forte !

5 .... le vent est fort !

6 .... chaleur !

Cambridge IGCSE and O Level French as a Foreign Language

7 Soulignez la bonne expression d'intensité. Attention à l'accord !

Mon coin de paradis, c'est la région des Grands Lacs, au Canada. [1] **Quels / *Quel*** environnement exceptionnel ! Les paysages sont [2] **comme / tellement** magnifiques que j'y retourne tous les ans. [3] **Comme / Tellement** les forêts sont belles en automne, [4] **quelle / quelles** couleurs superbes ! [5] **Quelle / Quel** chance j'ai d'habiter dans un pays [6] **aussi / comme** beau ! Dans une région [7] **comme / si** spectaculaire, on ne s'ennuie jamais !

8 Décrivez <u>votre</u> coin de paradis. Donnez trois raisons et faites des phrases avec trois expressions d'intensité différentes.

....
....
....
....

Les expressions de quantité

9 Lisez le texte. Soulignez les sept expressions de quantité.

J'habite à Montclair, un village en Suisse. Ici, il n'y a <u>pas beaucoup d'</u>habitants, nous sommes 250 ! Il n'y a pas assez de magasins au village, c'est pénible. Par contre, on voit beaucoup de touristes. Ils viennent skier l'hiver s'il tombe assez de neige et visiter le château l'été. Il y a même trop de monde en été parce qu'il n'y a pas beaucoup de parkings et il y a peu de place pour circuler.

10 Complétez les phrases pour parler de là où vous habitez.

Il n'y a pas assez de ....

Il n'y a pas beaucoup de ....

Il n'y a pas trop de ....

Il y a un peu de ....

Il y a beaucoup de ....

Il y a assez de ....

Il y a trop de ....

Il y a peu de ....

6 La nature – amie, ennemie ou victime ?

L'interrogation

11 Lisez les questions à propos du recyclage à Montclair. Notez la bonne réponse (a–l).

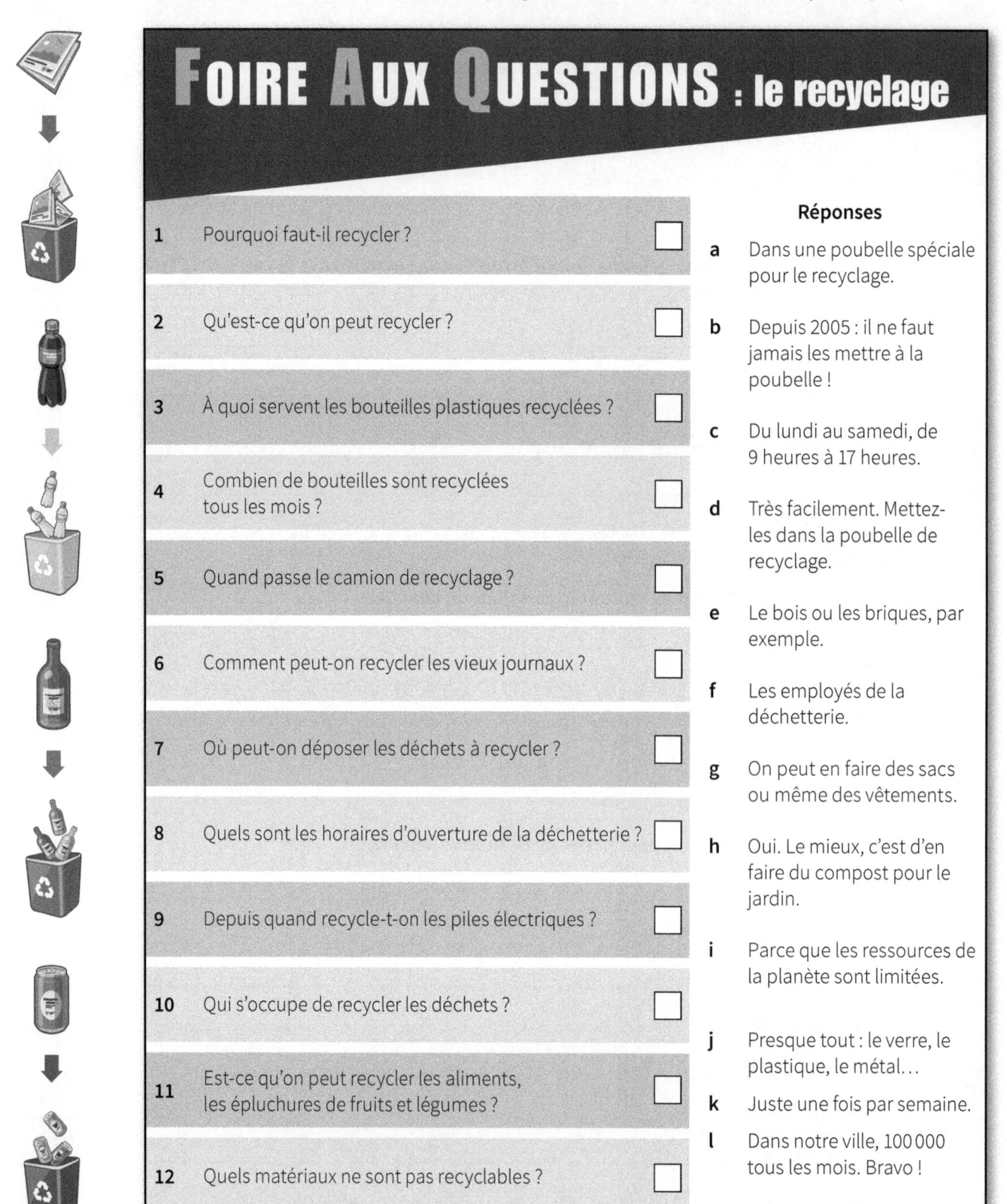

FOIRE AUX QUESTIONS : le recyclage

1	Pourquoi faut-il recycler ?
2	Qu'est-ce qu'on peut recycler ?
3	À quoi servent les bouteilles plastiques recyclées ?
4	Combien de bouteilles sont recyclées tous les mois ?
5	Quand passe le camion de recyclage ?
6	Comment peut-on recycler les vieux journaux ?
7	Où peut-on déposer les déchets à recycler ?
8	Quels sont les horaires d'ouverture de la déchetterie ?
9	Depuis quand recycle-t-on les piles électriques ?
10	Qui s'occupe de recycler les déchets ?
11	Est-ce qu'on peut recycler les aliments, les épluchures de fruits et légumes ?
12	Quels matériaux ne sont pas recyclables ?

Réponses

a Dans une poubelle spéciale pour le recyclage.

b Depuis 2005 : il ne faut jamais les mettre à la poubelle !

c Du lundi au samedi, de 9 heures à 17 heures.

d Très facilement. Mettez-les dans la poubelle de recyclage.

e Le bois ou les briques, par exemple.

f Les employés de la déchetterie.

g On peut en faire des sacs ou même des vêtements.

h Oui. Le mieux, c'est d'en faire du compost pour le jardin.

i Parce que les ressources de la planète sont limitées.

j Presque tout : le verre, le plastique, le métal…

k Juste une fois par semaine.

l Dans notre ville, 100 000 tous les mois. Bravo !

Cambridge IGCSE and O Level French as a Foreign Language

12 Écrivez votre propre réponse à ces questions.

1 Quand est-ce qu'on collecte les déchets chez vous ?

....

2 Qui s'occupe de recycler dans votre famille ?

....

3 Où voyez-vous de la pollution autour de vous ?

....

4 Que peuvent faire les jeunes pour diminuer la pollution ?

....

Verbes + à / de + infinitif

13 Reliez les moitiés de phrases pour découvrir les projets d'Ilona.

1	Ilona aimerait	a	s'occuper du chat de sa voisine.
2	Elle décide	b	avoir un vrai travail dans un refuge.
3	Elle commence	c	travailler avec les animaux.
4	À 15 ans, elle ne peut pas	d	à trouver un stage chez un vétérinaire.
5	Donc elle va	e	de faire un stage.
6	Cela lui permettra	f	avoir plus de chance.
7	L'année prochaine, elle espère	g	de mieux connaître les chats.
8	Elle réussira peut-être	h	à se renseigner.

14 Complétez le texte sur la ville idéale. Attention à *de, à* ou Ø (rien) avant l'infinitif !

Il faudrait interdire [1] ....*de*.... circuler au centre-ville parce que les voitures peuvent

[2] .... polluer et risquent [3] .... causer des accidents. J'espère qu'on va [4] ....

arrêter [5] .... construire des parkings, ce qui encouragerait [6] .... prendre le bus.

Par contre, il faudrait commencer [7] .... installer des parkings à vélo, qui permettent

[8] .... accueillir les cyclistes. Cela aiderait [9] .... combattre la pollution.

Entraînez-vous au vocabulaire

15 Sur une feuille, mettez les mots dans la bonne catégorie. (section 1)

la baie, la baleine, le caïman, la campagne, la cascade, la chèvre, le dauphin, le désert, la dune, la forêt, l'île, le kangourou, le lac, le lion, le loup, la montagne, le mouton, l'oasis, le palmier-dattier, la plage, la rivière, la tortue, le volcan

l'eau	les animaux qui vivent dans l'eau
la baie	

Sur une feuille, faites le même exercice avec les catégories *la terre* et *les animaux qui vivent sur terre*.

16 Faites huit phrases associant chacun de ces adjectifs avec l'un des noms de l'exercice 15. (section 3)

> *dangereux* – exceptionnel – joli – magnifique – pauvre – rude – sale – superbe

*Exemple : Le caïman est un animal **dangereux**.*

....
....
....
....
....
....
....
....

17 Reliez les catastrophes naturelles avec leurs causes. (section 2)

1. l'éruption
2. le cyclone
3. la sécheresse
4. l'inondation
5. la tempête de sable

a. la pluie
b. le soleil
c. le vent
d. le volcan

Cambridge IGCSE and O Level French as a Foreign Language

18 Recomposez les mots et expressions décrivant les problèmes écologiques. (section 4a)

1 chauf / ré / ment / fe   le ....**réchauffement**....... climatique
2 tion / sur / ta / ploi / ex la .... des ressources
3 lu / tion / pol   la ....
4 men / tion / aug / ta   l'................................. des températures
5 res / ta / dé / tion / fo   la ....
6 ca / dé / tion / fi / ti / ser la ....
7 rée / re / ma / noi   la ....
8 à / fet / gaz / ef   les .... de serre

19 Reliez les moitiés d'expressions et trouvez des solutions aux problèmes écologiques. (section 4b)

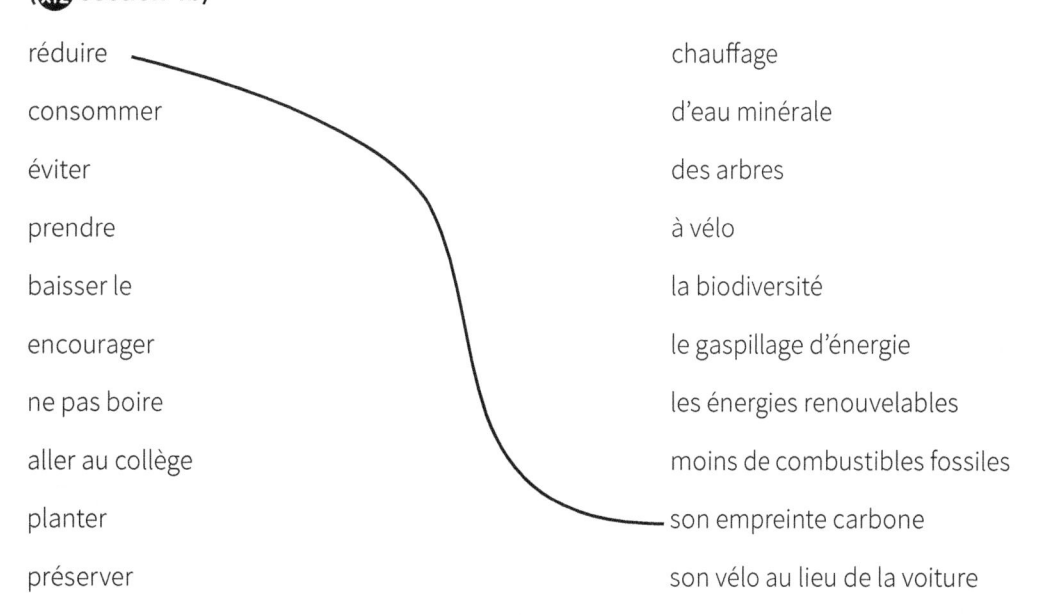

réduire	chauffage
consommer	d'eau minérale
éviter	des arbres
prendre	à vélo
baisser le	la biodiversité
encourager	le gaspillage d'énergie
ne pas boire	les énergies renouvelables
aller au collège	moins de combustibles fossiles
planter	son empreinte carbone
préserver	son vélo au lieu de la voiture

(réduire — son empreinte carbone)

20 Soulignez la bonne expression de temps ou de lieu. (sections 5 et 6)

Le Piton de la Fournaise est un volcan [1] *situé* / trouvé [2] **à / dans** La Réunion, une île française [3] **à / dans** l'océan Indien, [4] **à / dans** l'est de l'Afrique, pas très [5] **long / loin** de Madagascar. Beaucoup de touristes [6] **y / en** vont pour découvrir ce volcan très actif, qui fait [7] **en général / régulièrement** éruption. [8] **Depuis / Parfois** 1650, il y a eu 300 éruptions. Il existe d'autres volcans [9] **ailleurs / nulle part** sur l'île. [10] **Avant / Depuis** l'installation d'un observatoire en 1979, on les surveille [11] **souvent / toute** l'année. Heureusement, ils n'ont [12] **jamais / toujours** fait de victimes.

6 La nature – amie, ennemie ou victime ?

Mieux apprendre

Apprenez les mots qui appartiennent à la même famille.

21 Complétez les familles de mots dans la grille.

nom	adjectif	verbe	adverbe
....	naturel	....	....
....	pluvieux	pleuvoir	
l'inondation		....	
le recyclage	....	....	
la forêt	forestier		
....			
la destruction	....	détruire	
la chaleur	....	chauffer	....
la personne	....	....	....

22 Faites des phrases avec les mots que vous avez ajoutés dans la grille de l'exercice 21.

....
....
....
....
....
....
....

7 Bonjour de Francophonie !

Le coin grammaire

L'utilisation des adjectifs

1   Complétez le diagramme avec les mots décrivant Luc et Lucie. Certains s'appliquent aux deux personnes. Attention au genre !

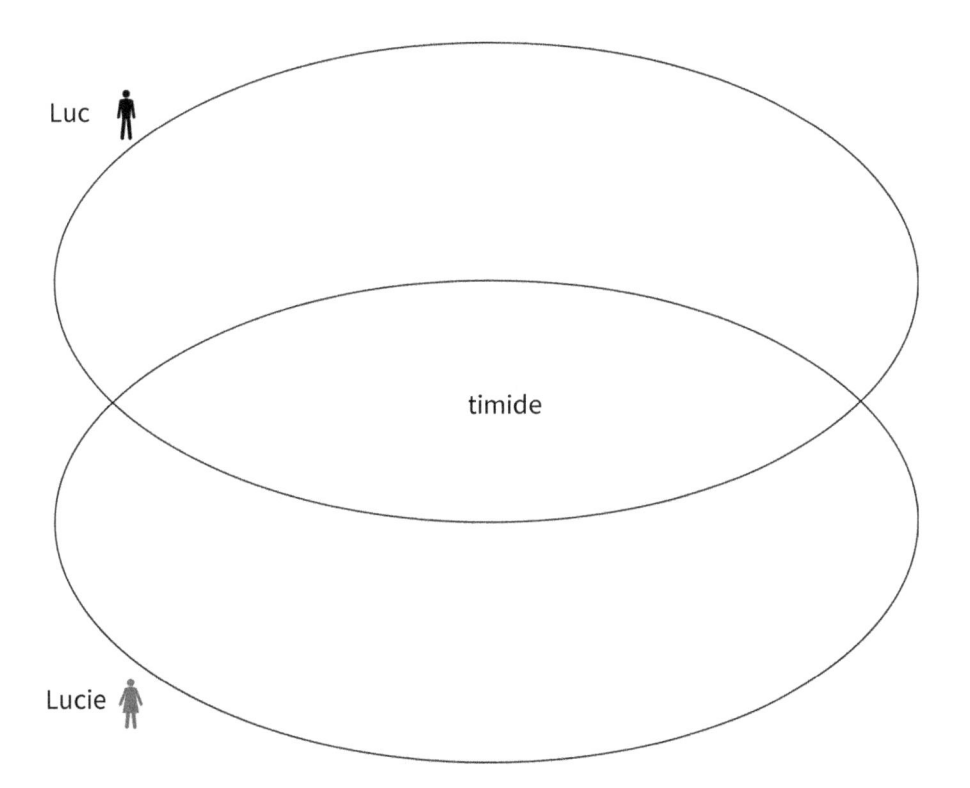

Luc

timide

Lucie

| beau |
| douce |
| brune |
| discret |
| énergique |
| fière |
| fou |
| gentille |
| grande |
| heureuse |
| optimiste |
| sportif |
| sympa |
| travailleur |
| fort |

2   Complétez la description de Luc avec les adjectifs de l'exercice 1.

Physiquement, Luc est un peu [1] ....fort.... mais très [2] ....
C'est un [3] .... garçon, brun aux yeux bleus. De caractère, il est calme et
[4] .... Il est sérieux et très [5] .... Il a beaucoup de copains
parce qu'il est très [6] .... et toujours [7] .... Il est
[8] .... : il fait plein de choses et par moments, il est un peu [9] .... !

3   Sur une feuille, décrivez Lucie avec les adjectifs de l'exercice 1. Utilisez l'exercice 2 comme modèle.

4　Soulignez le mot ou les mots qui conviennent.

1　Mes grands-parents sont des gens ....
　originales　<u>originaux</u>　relativement　<u>sympa</u>

2　Ils ont deux .... chiens que j'adore.
　marron　vieux　noirs　fous

3　Ils habitent dans une très .... maison ancienne.
　confortable　jolie　assez　vieille

4　Ma grand-mère est une .... cuisinière.
　française　énergique　vraiment　excellente

5　Mon grand-père est un vieil .... gros et petit.
　homme　monsieur　grand　assez

6　Il porte toujours sa vieille veste .... clair.
　jaune　blanche　bleue　vert

7　C'est mon grand-père ....
　nouveau　favori　bon　préféré

8　Ma grand-mère est une femme .... gentille.
　très　extraordinaire　vraiment　vieille

5　Retrouvez les quatre phrases dans la grille (→ ↓ ↑).
La première est donnée comme exemple (vous ne pouvez pas réutiliser les mots plusieurs fois).
Puis complétez cette phrase avec les mots qui restent dans la grille :

« Mon ami idéal est .... et .... ! »

1 Ma	2 Mon	frère	garçon	assez
meilleure	beau	est	un	optimiste.
amie	est	4 Son	père	riche
3 Mes	extrêmement	gentille.	a	sympa.
sœurs	pas	particulièrement	l'air	et
ne	sont	généreuses.	relativement	cool

6　Sur une feuille, écrivez la description d'un(e) ami(e) ou d'un membre de votre famille en 60 mots. Ajoutez des adverbes (*relativement, assez, vraiment, très*) pour arriver au nombre de mots exact !

Cambridge IGCSE and O Level French as a Foreign Language

Le comparatif

7 Complétez le texte de Zac. Écrivez les lettres dans la grille.

1	2	3	4	5	6	7	8
h							

Zac :

« Avant, j'habitais dans un quartier [1] mais tout [2]. Là-bas, il y avait [3] pour sortir le chien mais par contre beaucoup [4] pour les jeunes. Là où j'habite maintenant, nous accédons [5] au centre-ville. Par contre, nous dormons [6] à cause du bruit. Dans notre nouvel immeuble, on [7] qu'avant avec les voisins mais on se [8], ce qui est dommage. »

- **a** aussi agréable
- **b** discute autant
- **c** fréquente moins
- **d** moins bien
- **e** moins de distractions
- **f** plus d'espaces verts
- **g** plus facilement
- **h** plus ancien

8 Complétez les phrases avec le bon comparatif.

> aussi bonne – meilleure – *moins bonne* – moins mauvais – pire – plus mauvaises

1. Cette crème-ci n'est pas bonne, mais celle-là est encore ....*moins bonne*........
2. Cette tarte-ci est très bonne et celle-là est encore ....
3. Moi, je trouve que cette entrée est .... que l'autre, je les aime toutes les deux.
4. Ce film est mauvais, mais l'autre est encore ....
5. Cet acteur ne joue pas très bien mais il est .... que l'autre qui est nul.
6. Leurs premières pièces de théâtre étaient nulles et celles-ci sont encore .... Elles sont très nulles !

9 Sur une feuille, décrivez l'endroit où vous habitez et comparez avec votre lieu de vie idéal.

7 Bonjour de Francophonie !

Le superlatif

10 La petite ville de La Gacilly veut attirer plus de touristes ! Remplacez les mots soulignés dans les phrases par des superlatifs.

1. La Gacilly, c'est <u>une ville intéressante</u> en Bretagne.

   La Gacilly, c'est la ville la plus intéressante en Bretagne.

2. La visite que <u>l'on recommande beaucoup</u>, c'est la vieille ville.

   ....

3. On peut y voir travailler <u>des artisans très habiles</u>.

   ....

4. On peut acheter <u>les produits artisanaux pas très chers</u>.

   ....

5. Ici, la gastronomie régionale est <u>très bonne</u>.

   ....

6. <u>Une très mauvaise chose</u> à faire : oublier de visiter La Gacilly !

   ....

11 À vous d'écrire une publicité pour votre ville sur une feuille. Utilisez des superlatifs !

Décrire

12 Reliez les débuts et les fins de phrases.

Astérix, c'est un personnage qui — d'être un peu idiot.
C'est un Gaulois relativement — il ne se déplace jamais.
Son ami Obélix est un homme que — l'on peut décrire comme très gros !
Obélix semble — est très célèbre en France.
Obélix a un petit chien sans qui — toujours avoir faim !
Obélix et Astérix sont des amis qui — petit mais très fort.
Obélix a parfois l'air — se disputent souvent.

13 Complétez le dialogue avec des mots choisis dans l'encadré.

> avec – avec qui – de mon copain – l'air – où – pour – *que* – qui
> relativement – sans – semble – vraiment

- Cathy n'est pas une fille [1] ....*que*............. je trouve sympa. En fait, c'est quelqu'un [2] .... je ne m'entends pas du tout.
- Pourtant elle [3] .... gentille, non ?
- Elle a [4] .... sympa mais en fait c'est une personne [5] .... est très égoïste.
- Je la vois assez souvent parce que c'est la sœur [6] .... Alex.
- Ah ? Personnellement, ce n'est pas quelqu'un [7] .... je voudrais voir souvent.
- En tout cas, elle est [8] .... très belle [9] .... ses longs cheveux bruns.

Comparer

14 Sur une feuille, traduisez ces phrases dans votre langue.

1 J'aime bien mon amie Sophie qui est calme comme moi.
2 Elle a les mêmes passe-temps que moi.
3 Les profs disent qu'on est très similaires.
4 Par contre, je suis très différente de ma sœur Lisa.
5 On ne se ressemble pas du tout.
6 Lisa est plus sportive que moi mais moins travailleuse.

15 Cachez le français et retraduisez vos phrases. Comparez.

Mieux apprendre

Chaque mot a un rôle dans la phrase. Reconnaître ce rôle vous aide à compléter un texte à trous.

16 Écrivez les mots dans la bonne liste. Attention aux terminaisons typiques !

noms : *-eur, -tion, -age,* etc.   adjectifs : *-eux, -ant(e),* etc.

adverbes : *-ment*   verbes : *-er, -ir, -re*

> accueillir – accueillante – ancien – beaucoup – car – ce – celles-ci – celui-là – ces
> cet – cette – conserver – couramment – des – du – explorateur – faire – heureux
> la – le – les – lunettes – mais – ménage – où – population – que – qui
> tropical – un – une – vendre – vouloir – vraiment

articles : ....

....

noms : ....

....

adjectifs : ....

....

adverbes : ....

....

verbes : ....

....

pronoms : ....

....

conjonctions : ....

....

17 Complétez ce texte avec des mots de l'encadré de l'exercice 16. D'abord, réfléchissez : quelle sorte de mot faut-il ?

Exemple : La Martinique est une île des Caraïbes. (une = un article)

1 À la Martinique, on aime bien .... les traditions ancestrales : .... sont importantes pour préserver la culture.

2 Ici, le climat est .... : il peut faire .... chaud en été. Il ne faut surtout pas oublier ses .... de soleil.

3 La .... est accueillante avec les touristes à .... elle peut .... des produits locaux.

Entraînez-vous au vocabulaire

18 Trouvez l'intrus dans chaque groupe de phrases. Écrivez la lettre dans la case. (section 1)

1 parler de soi-même   `d`
   a Je me présente : je m'appelle Lucie.
   b Je suis née en France.
   c Ma langue maternelle, c'est le français.
   d Mes grands-parents sont gentils.

2 parler de sa famille
   a Mes parents se sont mariés en 1998.
   b Ma tante a épousé un Anglais.
   c Je suis petite et assez mince.
   d J'ai trois cousins plus jeunes que moi.

3 décrire une personne physiquement
   a Sur la photo, mon père porte un pantalon et un T-shirt.
   b J'ai les cheveux blonds et frisés.
   c Mes parents sont tous les deux assez petits.
   d Ma sœur n'est pas encore mariée.

4 parler de ses origines
   a Nous sommes d'origine polonaise.
   b J'habite à Chantilly, près de Paris.
   c Mes arrière-grands-parents se sont installés ici en 1945.
   d Mon père a retrouvé des ancêtres à Varsovie.

19 Sur une feuille, ajoutez des phrases à chaque liste pour parler de vous.

7 Bonjour de Francophonie !

20 Mettez ces phrases sur une journée typique en France dans l'ordre chronologique. Écrivez les lettres dans la grille des horaires. (section 2)

06h30–08h00	c
08h00–09h00	
12h00–14h00	
14h00	
17h00	
18h00–19h00	
19h30–20h00	
20h30	
22h00–23h00	

- **a** Le soir, on achète le pain en rentrant et on prépare le dîner.
- **b** On reprend le travail l'après-midi après le déjeuner.
- **c** Le matin, on se lève, on se prépare et on prend le petit déjeuner.
- **d** On se brosse les dents et on se couche. Bonne nuit !
- **e** Ensuite, on quitte la maison et on commence sa journée de travail.
- **f** Après le dîner, on regarde la télé et les élèves font leurs devoirs.
- **g** Les cours se terminent et les élèves rentrent à la maison.
- **h** On fait une pause et on va déjeuner à la cantine ou au restaurant.
- **i** Un peu plus tard, ce sont les employés qui finissent le travail.

21 Adaptez les phrases ci-dessus pour décrire une journée typique dans votre pays en 120–150 mots.

....

....

....

....

....

....

....

22 Lisez le message d'Éric et remplacez « *truc* » par les bons mots ! (section 3)

« Avant, j'habitais un [1] *truc* ancien dans un vieil [2] *truc* au centre de Pointe-à-Pitre, en Guadeloupe. Maintenant, j'habite une grande [3] *truc* à l'extérieur de la ville. Là, on a un super [4] *truc* où je joue au foot.

J'habite dans un [5] *truc* de la ville assez calme et où il y a de jolis espaces [6] *truc*. On n'est pas loin de la [7] *truc* où je vais me baigner. Ici, le climat est [8] *truc*. Pendant la période des cyclones, il y a du vent et il [9] *truc* beaucoup.

Il n'y a pas beaucoup de [10] *truc* pour les jeunes, à part quelques bars à la marina. En plus, la [11] *truc* n'est pas toujours facile ici, beaucoup de choses coûtent très [12] *truc*. Les loyers sont [13] *truc* mais les salaires sont [14] *truc*. »

1 appartement
2 ....
3 ....
4 ....
5 ....
6 ....
7 ....
8 ....
9 ....
10 ....
11 ....
12 ....
13 ....
14 ....

7 Bonjour de Francophonie !

8 L'école, et après ?

Le coin grammaire

Le conditionnel présent

1 Recopiez ces phrases dans le bon ordre. Attention aux verbes au conditionnel.

1 la mécanique. / avait / elle / le choix, / apprendrait / Si Zoé

   Si Zoé avait...

   ....

2 en retard. / prenais / Si je / le car, / serais jamais / je ne

   ....

   ....

3 Si Djamel / la musique. / étudierait / pouvait, / il

   ....

   ....

4 changerais / acceptaient, / je / Si mes parents / de lycée.

   ....

   ....

5 irait / Si Léa / à pied. / habitait / plus près, / au collège / elle

   ....

   ....

6 allait / il ne / au lycée, / Si Olivier / ses copains. / verrait plus

   ....

   ....

2 Complétez ces phrases avec vos propres idées.

1 Si j'avais du temps libre, …
   ....

2 Ce serait plus sympa au collège si…
   ....

3 Si je changeais d'école,…
   ....

4 Mes copains seraient très surpris si…
   ....

Le participe présent (adjectif verbal, gérondif)

3 Participe passé, adjectif verbal ou gérondif ? Soulignez-les comme dans les exemples.

En parlant avec son prof, Nina a réalisé que la géographie était une matière intéressante. Elle s'est renseignée en faisant des recherches et en regardant un film surprenant sur les volcans qu'elle a trouvé passionnant. En cherchant sur le web, elle a vu qu'on peut étudier les volcans à l'université. Maintenant, elle va s'inscrire en remplissant un questionnaire. Elle espère que les cours seront stimulants et enrichissants.

4 Complétez les phrases en mettant une expression de l'encadré au gérondif.

| lire des articles – manger du poisson – passer un an à Genève |
| sortir du lycée – tomber de vélo – *travailler dur* |

1 Awa a réussi ses examens *en travaillant dur*..

2 Ethan s'est cassé la jambe ....

3 Elsa va améliorer son français ....

4 Victor a fait une réaction allergique ....

5 Margot a rencontré une copine ....

6 Ali va s'informer ....

5 Sur une feuille, complétez les phrases de l'exercice 4 à votre façon.

Exemple : Awa a réussi ses examens en faisant des fiches de révision.

La voix passive

6 <u>Voix active</u> ou <u>voix passive</u> ? Soulignez les verbes de deux façons différentes.

1. Le prof <u>n'a pas donné</u> de devoirs.
2. Les résultats <u>sont envoyés</u> par le collège.
3. Tu es surpris par tes notes, Jules ?
4. Sophie a reçu ses résultats.
5. Les notes sont en rouge sur la page.
6. Le devoir n'est pas encore corrigé par le prof.
7. Les collégiens ont eu un nouveau prof.
8. Ne soyez pas étonnés par vos résultats.

7 <u>Passé composé avec *être*</u> (verbes de mouvement et verbes pronominaux) ou <u>voix passive au temps présent</u> ? Soulignez les verbes de deux façons différentes.

1. À 9 heures, la salle <u>est fermée</u> et l'examen commence.
2. Mathis <u>est sorti</u> à 11 heures.
3. Ces exercices sont souvent faits en groupe.
4. Hier, Julien est allé au CDI.
5. Olivia est encouragée par ses résultats.
6. Safia et Amir sont partis très tôt.
7. Lilou s'est couchée à minuit.
8. La différence est expliquée dans ce chapitre.

8 Écrivez le verbe à la voix passive. Attention à l'accord !

1. Mes devoirs [ne… pas / finir] *ne sont pas finis*..........................
2. La soirée de révision [organiser] .... par Marion.
3. Si votre travail [faire] .... , partez.
4. Le sujet [choisir] .... par l'examinateur.
5. Les sorties le soir [ne… pas / recommander] ....
6. Tu [intéresser] .... par cette matière, Léa ?
7. L'examen [diviser] .... en deux parties.

9 Mettez les phrases passives à la voix active et inversement. Attention aux accords !

1. Au lycée, on propose beaucoup d'options aux élèves.
   Au lycée, beaucoup d'options sont proposées aux élèves.

2. Ce meuble est fabriqué par les élèves de terminale.
   Les élèves de terminale fabriquent ce meuble.

3. On respecte l'autonomie des lycéens.
   ....

4. L'informatique est étudiée à partir de l'école primaire.
   ....

5. On traite les lycéens comme des adultes.
   ....

6. Les élèves remplissent les questionnaires au mois d'avril.
   ....

7. Madame Duprat donne les conseils d'orientation.
   ....

Le présent

10 Louise parle de son année sabbatique. Recopiez les mots dans l'ordre. Ajoutez une majuscule au début et un point à la fin de la phrase.

1. à la fac / je / en octobre, / rentre
   En octobre, je rentre à la fac.

2. je / sabbatique / d'abord, / une année / prends
   ....

3. un stage / je / de commencer / dans un zoo / viens
   ....

4. travaille / un mois, / depuis / je / avec les tortues
   ....

5. donne / tous les matins, / je leur / à manger
   ....

6. sur le point / l'espace des tortues / de nettoyer / nous sommes / ce matin,
   ....

7. sommes / les brosses / nous / et les balais / de préparer / en train
   ....

8 L'école, et après ?

11 Dans quelles phrases de l'exercice 10 Louise emploie-t-elle le présent pour dire :

    a ce qu'elle fait maintenant ? ....2...... , ...

    b ce qu'elle fait régulièrement ? ....

    c ce qu'elle fait depuis un certain temps ? ....

    d ce qu'elle a fait très récemment ? ....

    e ce qu'elle va faire très bientôt ? ....

    f ce qu'elle va faire bientôt ? ....

Le passé composé et l'imparfait

12 Soulignez le bon temps : passé composé (action à un moment précis du passé) ou imparfait (situation passée).

    1 Ahmed **s'est ennuyé** / <u>s'ennuyait</u> au collège mais il <u>**a décidé**</u> / **décidait** d'y rester.

    2 Quand Tanya **est partie** / **partait** à Londres, elle **a parlé** / **parlait** mal l'anglais.

    3 Comme Paul **a eu** / **avait** envie de voyager, il **prenait** / **a pris** une année sabbatique.

    4 Aïcha **a aimé** / **aimait** le sport et elle **s'est inscrite** / **s'inscrivait** au stage de judo.

13 Écrivez le verbe au bon temps.

    1 Pendant son année sabbatique, Noë [perdre] .... son temps car il [ne pas avoir] .... de projet.

    2 Puisque Lucie [vouloir] .... devenir vétérinaire, elle [travailler] .... dans une ferme.

    3 Enzo [ne pas prendre] .... d'année sabbatique parce qu'il [avoir] .... hâte d'aller à la fac.

    4 Sara [être] .... bonne en sciences, mais elle [choisir] .... d'étudier les langues.

14 Sur une feuille, développez ces scénarios. Utilisez des verbes au passé composé et à l'imparfait.

    1 *Comme je voulais voyager, …*

    2 *J'ai choisi d'étudier le français…*

Entraînez-vous au vocabulaire

15 Pour chacune des quatre catégories, écrivez le bon titre.
Trouvez les intrus (deux dans chaque colonne) et mettez-les dans la bonne catégorie. (ABC/XYZ section 1)

L'environnement   Les matières   Les transports   Les différents établissements

Titre : ....

le collège
le lycée général
le lycée professionnel
~~le théâtre~~
la fac
l'informatique
l'université

....
....

Titre : ....

à 10 minutes à pied
à 20 minutes en bus
habiter près / loin
avoir plus d'autonomie
déposer en voiture
se faire des copains
avoir un trajet d'une heure

....
....

Titre : ....

une bonne / mauvaise ambiance
les bonnes / mauvaises relations entre élèves
des professeurs qui encouragent
près / loin de chez moi
prendre un nouveau départ
prendre le car scolaire
Il y a des cliques.
Les gens ne se parlent pas.
Les profs sont toujours sur notre dos.
Les profs nous traitent comme des gamins.

....
....

Titre : ....

les sciences
la physique
l'école
les langues
le cégep
l'allemand
l'espagnol
l'anglais
les maths
la chimie

le théâtre
....

16 Sur une feuille, préparez un email pour votre ami(e) français(e) sur votre vie au collège.
Utilisez le vocabulaire de l'exercice 15 et écrivez 150 mots.

8 L'école, et après ?

17 Complétez ces expressions avec un mot de l'encadré. (sections 2 et 3)

> *centres* – conseillère – consulter – courtes – envisager – fiches
> l'étranger – passer – près – remplir – renseigner – s'éloigner – s'inscrire

Choisir son orientation / sa voie

1 choisir en fonction de ses ..*centres*............... d'intérêt / ses aptitudes

2 .... un site web

3 discuter avec la .... d'orientation / ses copains

4 .... une série scientifique / littéraire

5 s'informer / se .... sur Internet

6 lire des .... d'information

Faire un choix : les décisions

7 choisir des études .... / longues

8 étudier / .... un an à ....

9 .... un dossier

10 rester .... de chez soi

11 .... de sa famille

12 .... à la fac

18 Sur une feuille, écrivez 50 mots sur vos choix. Utilisez les expressions de l'exercice 17.

Exemple : Je vais choisir en fonction de mes aptitudes : je suis bon / bonne en…

19 Déchiffrez les anagrammes pour parler des projets. Ensuite, imaginez la fin de la phrase. (section 6)

Elsa n'a pas l' [t i e n n i n o t] .... d'aller à la fac car elle n'a plus [v e i n e] .... d'étudier. Elle a [t h e â] .... de quitter l'école parce qu'elle a le [t o r p e j] .... de…

Cambridge IGCSE and O Level French as a Foreign Language

20 Révisions et examens : complétez le schéma avec les mots de l'encadré. (section 4)

> améliorer – échouer à – écrit – fiches – obtenir – remettre
> réussir – réviser – révision – *travailler*

Comment bien préparer l'examen ...   ... et l'erreur à éviter

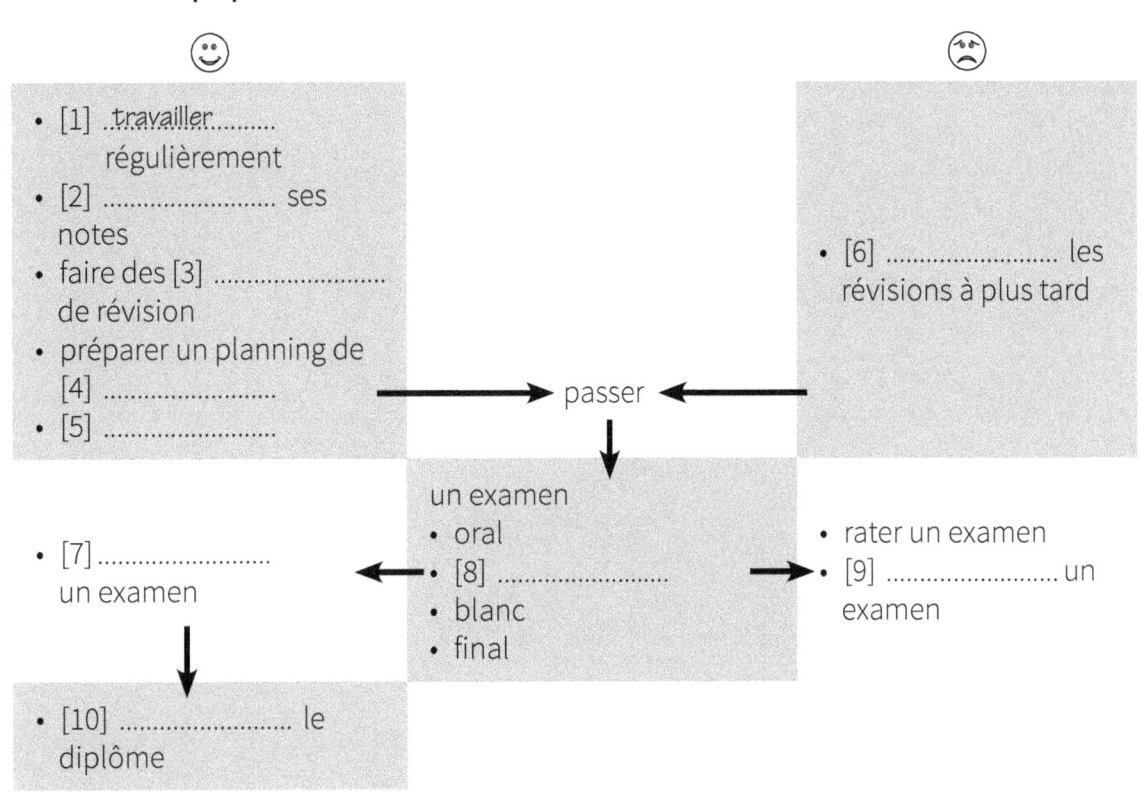

- [1] travailler régulièrement
- [2] .... ses notes
- faire des [3] .... de révision
- préparer un planning de [4] ....
- [5] ....

- [6] .... les révisions à plus tard

→ passer ←

un examen
- oral
- [8] ....
- blanc
- final

- [7] .... un examen

- rater un examen
- [9] .... un examen

- [10] .... le diplôme

21 Vous êtes quel type d'élève ? Sur une feuille, faites six phrases avec les expressions du schéma.

Exemple : Quelquefois, je remets mes révisions à plus tard. Quand je passe un examen blanc, je…

22 Une année sabbatique ? Tom (T) est pessimiste, Naïla (N) est optimiste. Qui pense quoi ? (section 5)

1 Ça ouvre de nouveaux horizons.   .....N.....

2 On apprend à se connaître.   ....

3 C'est une expérience enrichissante.   ....

4 Sans projet précis, c'est une année perdue.   ....

5 C'est difficile ensuite de reprendre des études.   ....

6 On se familiarise avec d'autres cultures.   ....

8 L'école, et après ?

Mieux apprendre

Pour écrire en bon français, entraînez-vous à adapter des textes, par exemple des textes de votre manuel.

23 Lisez le texte et les exemples 1–5. Ensuite, adaptez pour vous les sections <u>soulignées</u>. Attention aux accords (masculin / féminin, singulier / pluriel) !

Je suis [1] <u>moyenne dans toutes les matières</u>. Maintenant, je dois choisir [2] <u>une série pour le bac</u>, mais [3] <u>laquelle</u> ? Je ne suis pas [4] <u>sûre</u>. Je vais prendre ma décision [5] <u>en bavardant avec mes copains</u>.

1 *bon / bonne en maths*

....

....

2 *des options / des sujets pour l'examen*

....

....

3 *lesquelles / lesquels*

....

....

4 *sûr / sûre*

....

....

5 *en parlant avec mes profs*

....

....

24 Sur une feuille, adaptez ce texte pour vous.

Personnellement, j'aime beaucoup <u>voyager</u> et j'aime bien <u>les langues</u>. À l'école, j'ai étudié <u>l'espagnol</u> et <u>l'anglais</u>, donc je suis plutôt <u>bon</u> en <u>langues</u>. Ce que j'aimerais, c'est <u>aller à l'université à Montréal</u>. Si je peux, je <u>passerai un an en Europe</u>.

9 Au travail !

Le coin grammaire

Le plus-que-parfait

1 Entourez les verbes au passé composé et soulignez les verbes au plus-que-parfait.

Rappel : passé composé = *avoir / être* au présent + participe passé

plus-que-parfait = *avoir / être* à l'imparfait + participe passé

Lucas parle de son stage :

« Avant-hier, j'étais triste parce que je n'avais pas trouvé de stage.

J'avais pourtant téléphoné à plus de 20 vétérinaires !

Ils m'avaient répondu que ce n'était pas possible.

Hier, je (suis passé) chez le dernier vétérinaire de la ville que je n'avais pas encore contacté.

Je m'étais préparé à une réponse négative mais il a dit oui.

J'étais super content !

J'ai toujours aimé les animaux et j'ai l'intention de devenir vétérinaire. »

2 Sophie explique ce qu'elle avait fait avant d'avoir son stage. Complétez les verbes au plus-que-parfait. Attention aux accords du participe passé avec *être* !

1 J'<u>avais choisi</u> .... de faire un stage dans une école. [choisir]

2 Mes parents .... une liste des écoles. [faire]

3 J'................................ au secrétariat des écoles. [téléphoner]

4 Le directeur d'une école m'................................ un rendez-vous. [donner]

5 Je .... à l'entretien. [se préparer]

6 J'................................ voir le directeur le matin. [aller]

7 Mes sœurs .... me chercher en voiture. [venir]

9 Au travail !

Le subjonctif

3 Complétez les grilles de verbes au subjonctif.

	être	avoir
je	sois	
tu		aies
il / elle / on		ait
nous	soyons	
vous		ayez
ils / elles	soient	

	faire	aller
je	fasse	
tu		
il / elle / on		aille
nous	fassions	
vous		alliez
ils / elles		

4 Répondez aux questions sur un job d'été avec un verbe au subjonctif comme dans l'exemple.

Exemple : Je dois <u>avoir</u> un CV ? – Oui, il faut que <u>tu aies</u> un CV.

1 Nous devons <u>aller voir</u> le directeur ? Oui, il faut que vous ....

2 Vous devez <u>avoir</u> de l'expérience ? Oui, il faut que nous ....

3 Tu dois <u>faire</u> une lettre de motivation ? Oui, il faut que je ....
....

4 Tu dois <u>être</u> libre en été ? Oui, ...

5 Tu dois <u>avoir</u> un diplôme ? Oui, ...

6 Tu dois <u>aller</u> à un entretien d'embauche ? Oui, ...

5 Indicatif ou subjonctif ? Soulignez la bonne forme.

Rappel : on emploie le subjonctif quand l'action est vue de façon subjective pour exprimer un doute (*je ne pense pas que…*), une opinion personnelle (*il est important que…*) ou pour exprimer l'opposition (avec *bien que…*).

1 Bien que les conditions de travail **sont** / <u>**soient**</u> bonnes, je n'aime pas travailler dans ce magasin.

2 Pour ce petit boulot, Martin **fait** / **fasse** un trajet d'une heure matin et soir.

3 J'aime bien cette entreprise, parce que mes collègues **sont** / **soient** vraiment sympa.

4 Pour obtenir un emploi, il est important que vous **avez** / **ayez** un bon CV.

5 Malheureusement, je ne pense pas que ma candidature **est** / **soit** acceptée.

6 Les jeunes qui **vont** / **aillent** à l'étranger pour étudier ont un avantage.

7 Quand vous écrivez votre lettre de motivation, il faut que vous **faites** / **fassiez** attention à la présentation.

8 S'il y **a** / **ait** une bonne ambiance au travail, on y va avec plaisir.

9 Bien qu'il **va** / **aille** souvent en France, il parle mal le français.

10 Comme il a un diplôme, je suis certaine qu'il **aura** / **ait** ce poste.

6 Transformez les phrases en utilisant *Bien que*. Attention au subjonctif !

1 Je n'ai pas d'expérience mais ils m'ont donné le poste.
   Bien que je n'aie pas d'expérience, ils m'ont donné le poste.

2 Nous sommes jumeaux mais nous sommes très différents.
   ....

3 J'ai beaucoup de devoirs mais j'ai le temps de voir mes amis.
   ....

4 Je fais du babysitting mais je ne gagne pas assez d'argent.
   ....

7 Transformez les phrases en utilisant *Il faut que*. Attention au subjonctif !

1 C'est important de faire beaucoup de sport si je veux être en forme.
   Il faut que je fasse beaucoup de sport si je veux être en forme.

2 C'est important d'aller en cours régulièrement si je veux obtenir mon diplôme.
   ....

3 C'est important d'être disponible l'été si je veux trouver un stage.
   ....

4 Je ne suis pas très intéressé par les maths mais c'est important d'avoir de bonnes notes.
   ....

8 Imaginez une fin à ces phrases pour parler de vous.

Il faut que je fasse ....

Bien que ce soit ....

Bien que je n'aie pas de ....

Il faut que je sois plus ....

Il ne faut pas que je fasse ....

9 Au travail !

Le conditionnel passé

9 Plus-que-parfait ou conditionnel passé ? Soulignez les verbes à la bonne forme.

1 Si j'*avais* / aurais mieux révisé, j'avais / aurais eu de meilleures notes.

2 J'avais / aurais gagné de l'argent si j'avais / aurais trouvé un job d'été.

3 Si j'étais / je serais allé en vacances, je n'avais / aurais pas pu faire de révisions.

4 Si ma famille avait / aurait été d'accord, je serais / j'étais parti en camp de vacances.

10 Complétez avec la bonne forme d'*être* ou *avoir*.

1 Je ne .... pas allé en France

   si je n' .... pas appris le français.

2 J' .... eu une expérience professionnelle

   si j' .... fait un stage.

3 Si j' .... eu des bonnes notes,

   je .... allé à l'université.

4 Je .... devenu pilote

   si je n' .... pas eu mon accident.

11 Sur une feuille, inventez des phrases au conditionnel passé avec les éléments donnés.

Exemple : gagner à la loterie – faire un grand voyage

   Si j'avais gagné à la loterie, j'aurais fait un grand voyage.

1 apprendre des langues – travailler à l'étranger

2 aimer les sciences – devenir médecin

3 mes parents / être d'accord – faire un petit boulot

Cambridge IGCSE and O Level French as a Foreign Language

Avant de + infinitif ; *après avoir / être* + participe passé

12 Reconstituez l'histoire de Juliette en choisissant l'option correcte.

1. Avant → **a** d'aller à l'université, / **b** avoir trouvé un emploi, Juliette voulait faire un voyage.

2. Avant **a** partir en Angleterre, / **b** d'aller en Italie, elle voulait gagner de l'argent.

3. Après **a** avoir fini les cours au lycée, / **b** de revenir de vacances, elle a décidé de chercher un job.

4. Avant **a** avoir trouvé du babysitting, / **b** de travailler dans un café, elle a eu plusieurs entretiens.

5. Après **a** avoir travaillé deux mois, / **b** travailler trois semaines, elle a eu assez d'argent.

6. Avant **a** d'acheter un billet d'avion, / **b** avoir pris un billet de train, elle a comparé les prix.

7. Après **a** être allée à Rome, / **b** visiter Londres, elle a passé deux jours à la mer.

13 Sur une feuille, racontez l'histoire de Juliette de mémoire.

Avant d'aller à l'université, Juliette voulait faire un voyage…

Mieux apprendre

**Apprenez à élaborer vos réponses pendant une discussion. Entraînez-vous à utiliser la formule : IOJRE = Info + Opinion + Justification + Restriction + Exemple
(mais pas forcément en entier ni dans cet ordre-là !)**

14 Remettez les réponses dans l'ordre (1 à 5), puis écrivez les bonnes lettres (I O J R E) dans les cases de droite pour chaque élément de réponse.

Quel est ton passe-temps préféré ?

2	Moi, je trouve ça absolument passionnant.	O
☐	Le passe-temps que je préfère, c'est jouer aux jeux vidéo.	☐
☐	Mais mes parents disent qu'il ne faut pas jouer trop longtemps.	☐
☐	En effet, on doit être très concentré et on réfléchit beaucoup,	☐
☐	comme dans les jeux de stratégie, comme *Warhammer* ou *Legion*.	☐

9 Au travail !

15 Répondez à la question ci-dessous en complétant la formule.

Q : Où aimerais-tu faire un stage ?

I	....
O	....
J	....
E	....
R	....

Entraînez-vous au vocabulaire

16 Reliez les expressions. Ensuite, complétez les deux listes des côtés positifs et négatifs d'un emploi. (sections 1b et 1c)

faire un métier	promotion
faire de	utile aux autres
avoir une bonne	payé
travailler dans de	ambiance avec les collègues
avoir des possibilités de	conditions de travail difficiles
gagner	longs trajets
avoir des	beaucoup d'argent
être mal	bonnes conditions

Les côtés positifs d'un emploi

Exemple : faire un métier utile aux autres

....

....

....

....

Les côtés négatifs d'un emploi

....

....

....

....

17 Formez les noms de qualités avec les dominos et recopiez-les sur les lignes 1–9.
(section 1d)

culeux	auto
able	dispon
tivé	orga

nisé	créa
nome	méti
miné	séri

ible	déter
tif	mo
eux	soci

1 autonome
2 c
3 dé
4 di
5 mé
6 mo
7 o
8 sé
9 so

18 Faites des phrases avec une des qualités de l'exercice 17 et une des compétences ci-dessous.
(section 1d)

Exemple : Je suis <u>autonome</u> car je <u>peux travailler seul / seule</u>.

pouvoir travailler seul / seule
avoir beaucoup d'imagination
aimer le contact avec les gens
avoir le sens de l'initiative

savoir s'adapter à des situations difficiles
avoir l'esprit innovateur
pouvoir travailler en équipe

1
2
3
4
5
6
7

19 Sur une feuille, écrivez 80 mots sur vos qualités et vos compétences.

9 Au travail !

20 Retrouvez les sept phrases dans la grille (→ ↓ ↑). La première est donnée comme exemple. Vous ne pouvez pas réutiliser les mots plusieurs fois. (ABC/XYZ section 6)

1 Je	2 Mon	rêve,	c'est	de
voudrais	3 J'	aimerais	4 Ce	pouvoir
faire	un	travailler	qui	beaucoup
5 J'ai	métier	à l'étranger.	m'attire,	voyager.
l'intention	utile	6 Je	c'est	la médecine.
de	aux autres.	ne	veux	pas
faire	7 J'	espère	étudier	travailler
des	études	longues.	l'informatique.	seul.

21 Adaptez les phrases de l'exercice 20 pour vous. (ABC/XYZ section 6)

Exemple : Je voudrais faire un métier créatif.

1 Je voudrais ....
2 Mon rêve, c'est de ....
3 J'aimerais travailler ....
4 Ce qui m'attire, c'est ....
5 J'ai l'intention de ....
6 Je .... travailler seul(e).
7 J'espère étudier ....

22 Regardez l'image. Sur une feuille, écrivez une bulle de 80 mots pour la jeune fille qui parle de son métier idéal.

Exemple : Je voudrais être vétérinaire parce que…

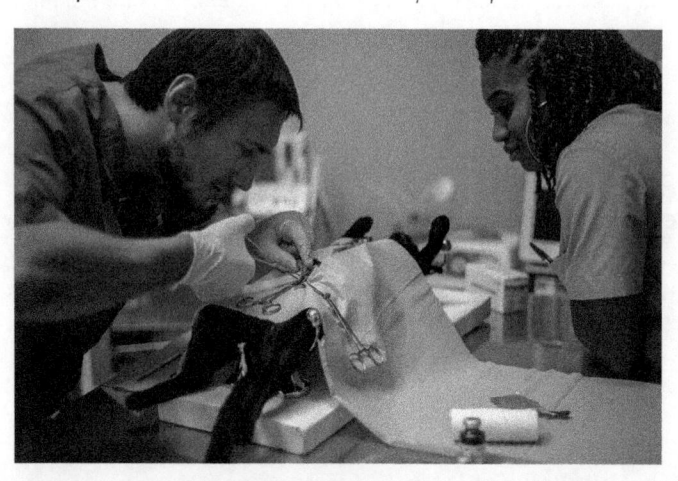

Cambridge IGCSE and O Level French as a Foreign Language

10 À l'écoute du monde

Le coin grammaire

L'accord du participe passé avec *avoir*

1. Yussef répond à sa mère. Écrivez le participe passé, qui s'accorde avec le complément d'objet direct placé devant l'auxiliaire. Attention au genre et au nombre.

   1. Yussef, tu as téléchargé cette appli ? – Oui, je l'ai ....**téléchargée**.... ce matin.
   2. Tu as écrit ces textos aujourd'hui ? – Non, je les ai .... hier.
   3. Tu as acheté ces T-shirts en ville ? – Non, je les ai .... en ligne.
   4. Tu as pris ces photos à la maison ? – Non, je les ai .... en vacances.
   5. Tu as tourné ce film avec ma caméra ? – Non, je l'ai .... avec mon portable.
   6. Tu as fait cette vidéo ? – Oui, je l'ai .... au collège.

2. Complétez les participes passés si nécessaire : e / s / es / Ø (= rien)

   Yussef a [1] pris ..**Ø**.. des photos pour sa mère. Il lui a [2] envoyé.......... les plus belles. Elle les a [3] vu.......... et elle les a [4] aimé.......... . Elle a [5] écrit.......... un texto à Yussef et elle l'a [6] remercié.......... . Il l'a [7] appelé.......... pour bavarder.

Les pronoms relatifs

3. L'informatique au collège : *qui* (sujet du verbe) ou *que / qu'* (complément d'objet) ?

   Voici les logiciels [1] ....**qu'**........ on utilise. En français, on a *Alfa*, [2] .... corrige les exercices [3] .... on fait en ligne. En sciences, on se sert de *Einstein*, un logiciel [4] .... le prof a trouvé et [5] .... crée des graphiques. Le logiciel [6] .... je préfère ? *WAM*, [7] .... le prof de musique recommande et [8] .... permet de composer des chansons.

4 Reliez les moitiés de phrases.

Rappel : avec une préposition, on emploie *qui* (personne), **lequel** (chose), **dont**, etc.

J'ai vu la fille	sur laquelle Simon regarde des films.
As-tu rencontré ce « copain »	auquel Zoé a répondu.
Voici le message	avec lesquels on peut dessiner.
C'est la tablette	dont je me sers ?
Il existe des logiciels	dont tu parles.
Connais-tu l'appli	à qui tu écris sur Facebook ?

5 Sur une feuille, préparez un mail pour votre ami(e) français(e) sur l'informatique dans votre collège. Utilisez au moins six pronoms relatifs différents.

Exemple : Les logiciels **dont** on se sert en maths sont anciens. Par contre,…

Le conditionnel présent et passé

6 Complétez avec des verbes au conditionnel présent.

> écouter – être – *faire* – prendre – avoir

Avec mon appli idéale, [1] je / j' ~~ji~~ ...ferais... mes devoirs facilement, [2] je / j'................ de la musique en classe, [3] je / j'................ de belles photos, [4] mon téléphone .... gratuit, [5] je / j'................ des places pour tous les concerts.

7 Carla passe tout son temps en ligne, mais ses amis ne lui parlent plus. Sa sœur lui explique pourquoi. Complétez les phrases au conditionnel passé et au plus-que-parfait.

1 Je t' ...aurais... donné des conseils si tu m'avais parlé !

2 Si tu .... été polie, Benjamin n'aurait pas .... en colère.

3 Tu .... pu rester sur le forum si tu .... écouté le modérateur.

4 .... tu n'avais pas posté cette photo, Samia et Ali n' .... pas été malheureux.

5 Tu n' .... pas répondu à un inconnu si tu .... compris le danger.

6 .... tu n'avais pas publié ce message, nous n' .... pas autant ri.

8 Imaginez que vous avez des problèmes sur les réseaux sociaux. Sur une feuille, écrivez au moins 40 mots.

Exemple : Si je n'avais pas posté cette photo,…

Si j'avais écouté mes amis,…

Les pronoms compléments d'objet

9 À ou Ø (= rien) ? Complétez les verbes à l'infinitif si nécessaire.

1 répondre ……à…… quelqu'un

2 mettre ……Ø…… quelqu'un en copie

3 informer …………… quelqu'un

4 transférer une réponse …………… quelqu'un

5 envoyer un message …………… quelqu'un

6 féliciter …………… quelqu'un

7 dire merci …………… quelqu'un

8 téléphoner …………… quelqu'un

10 Indiquez si les mots en gras sont des pronoms compléments d'objet direct (COD) ou indirect (COI). Attention ! Les verbes utilisant la préposition *à* sont suivis d'un complément d'objet indirect.

Dylan fait un stage en entreprise. Il reçoit un message de Madame Martin. Il **lui** [……COI……] répond rapidement. Sa réponse concerne ses collègues. Il **les** [……COD……] met en copie pour **les** [……………] informer. Ensuite, il **leur** [……………] transfère la réponse de Madame Martin. Elle est contente de Dylan et **lui** [……………] envoie un message pour **le** [……………] féliciter. Dylan tweete : « Ma patronne **m'** [……………] a félicité et **m'** [……………] a dit bravo ! »

11 Complétez avec un pronom COD ou COI.

1 Je ……le…… prends. [mon ordi]

2 Il …………… donne une réponse. [à Sara]

3 Tu …………… prêtes à Paul ? [ta tablette]

4 Il …………… a écrit. [à ses collègues]

5 Tu …………… choisis ? [les sandwichs]

6 Elle …………… téléphone. [à Mohammed]

7 Il …………… a passé ? [son examen]

Les pronoms *y* et *en*

12 Écrivez le bon chiffre (1–4) :

Y remplace [1] un complément de lieu ou [2] un COI (nom de chose) introduit par *à*.

En remplace [3] un nom avec les articles *de* ou *des* ou [4] un COI (nom de chose) introduit par *de*.

1 WhatsApp ? Je m'**en** [4] sers pour les photos si j'**y** [ ] pense, mais j'**en** [ ] poste rarement.

2 Facebook ? J'**y** [ ] vais souvent. Je lis les messages, mais je n'**y** [ ] réponds pas.

3 Twitter ? J'**y** [ ] suis, mais je n'**en** [ ] ai pas l'habitude et je n'**y** [ ] fais pas grand-chose.

13 Complétez avec *y* ou *en*.

Mon objet préféré, c'est ma tablette. Je m' [1] ......*en*...... sers partout et j' [2] .... ai besoin pour tout. Il faut des écouteurs, mais on [3] .... trouve facilement. Ma tablette est ancienne et j' [4] .... suis habitué, mais il y a une boutique d'électronique au centre-ville et j' [5] .... fais souvent des courses. On [6] .... trouve la dernière version de cette tablette et j' [7] .... ai très envie ! On peut payer avec des chèques cadeaux, et ma mère m' [8] .... a donné pour mon anniversaire.

Position des pronoms

position				
1ère	2ème	3ème	4ème	5ème
me / m' te / t' se / s' nous vous	le / l' la / l' les	lui leur	y	en

14 Complétez les réponses. Placez les pronoms au bon endroit.

1 Tu as envoyé le message à Étienne ?

   Oui, je ......*le*...... ......*lui*...... ai envoyé.

2 On applique les règles au bureau ?

   Oui, on .... applique.

3 Tu m'as parlé de la netiquette ?

   Oui, je .... ai parlé.

Cambridge IGCSE and O Level French as a Foreign Language

4 On peut donner la permission aux visiteurs ?

Oui, on peut .... donner.

5 Ton patron t'a emmené au bureau ?

Oui, il .... a emmené.

6 Je vous ai transféré ce mail ?

Oui, vous .... avez transféré.

Les pronoms emphatiques

15 Pronom tonique (*moi, toi, lui / elle, nous, vous, eux / elles*) ou autre pronom ? Soulignez le bon mot.

1 <u>Moi</u> / Me, je suis fan de musique. Et **tu** / **toi** ?
2 C'est **il** / **lui**, le nouveau stagiaire ? – Non, c'est **elle** / **la**.
3 Ils n'aiment pas Facebook. Selon **les** / **eux**, c'est inutile.
4 Chez **moi** / **me**, tout le monde a un ordi. Et chez **tu** / **toi** ?
5 Prépare-**te** / **-toi** vite et envoie-**moi** / **-me** ce mail !

Mieux apprendre

Avant de chercher un mot dans un dictionnaire bilingue, pensez à sa forme et n'oubliez pas qu'un mot peut avoir plusieurs sens selon le contexte.

16 Identifiez la nature des mots dans la grille : verbe au participe passé, verbe au présent, pronom, négation, adjectif / locution adjectivale ? Remplissez la deuxième colonne.

Identifiez la forme du mot correspondant dans le dictionnaire. Remplissez la troisième colonne.

	nature	forme dans le dictionnaire
apparu	verbe au participe passé	apparaître
plaît		
offert		
m'en		
perdu		
mise		
n'en		
sociaux		
à jour		

10 À l'écoute du monde

17 Dans l'Unité 10, ces mots sont utilisés pour parler du téléphone. Cherchez encore dans le dictionnaire et écrivez leur sens dans le contexte du téléphone.

portable : ....

fixe : ....

coup : ....

boîte : ....

vocale : ....

Entraînez-vous au vocabulaire

18 Quels appareils utilisez-vous ? Donnez-leur une note : 1 = rarement, 5 = souvent. (section 1)

le téléphone (portable) ☐   la tablette ☐

le smartphone ☐   la télé ☐

le téléphone fixe ☐   les écouteurs ☐

l'ordi(nateur) ☐

19 Quels appareils (de l'exercice 18) utilisez-vous personnellement pour faire les activités ci-dessous ? (sections 1 et 2)

Exemple : 1 smartphone, ordi, écouteurs

1   écouter de la musique ....

2   regarder un film ....

3   télécharger une appli(cation) ....

4   faire un jeu ....

5   envoyer un message ....

6   prendre une photo ....

7   aller sur les réseaux sociaux ....

8   écrire un blog ....

9   rédiger les devoirs ....

10 bavarder sur un forum ....

11 utiliser un moteur de recherche ....

12 faire du shopping ....

Cambridge IGCSE and O Level French as a Foreign Language

20 Les risques d'Internet : complétez avec les mots de l'encadré. (section 4)

> *accro* – cyber – inconnus – informations – insultes – mentir
> objectives – se passer – périmées – photo – rumeur – virtuel

1 être ....*accro*............ à Internet
2 préférer le monde .... au monde réel
3 parler à des .... sur les réseaux sociaux
4 le .... -harcèlement
5 lancer une ....
6 recevoir des .... et des menaces
7 On ne peut plus .... d'Internet.
8 Les informations sont exagérées ou ....

21 Faites correspondre ces conseils avec les risques dans l'exercice 20. Il peut y avoir plusieurs réponses correctes. (section 5)

a se méfier des canulars ....5, 8............
b identifier les informations qui ne sont plus à jour ....
c vérifier la validité des informations ....
d consulter des sites variés ....
e garder son esprit critique ....
f gérer ses paramètres de confidentialité ....
g réfléchir avant de publier un contenu ....
h apprendre à se déconnecter ....

10 À l'écoute du monde

22 Déchiffrez ce texte sur la « netiquette » : indiquez la ponctuation et les espaces entre les mots, comme dans l'exemple. (section 6)

C'est / important / de / s e c o m p o r t e r p o l i m e n t s u r I n t e r n e t I l y a d e s r è g l e s à a p p l i q u e r É v i t e z d ' é c r i r e e n m a j u s c u l e s N ' u t i l i s e z p a s t r o p d ' é m o t i c ô n e s F a i t e s a t t e n t i o n à l ' o r t h o g r a p h e S i v o u s r e c e v e z u n c o u r r i e l d e m a n d e z l a p e r m i s s i o n a v a n t d e l e t r a n s f é r e r V o s c o u r r i e l s d o i v e n t ê t r e c o u r t s a v e c d e s t i t r e s c l a i r s V o u s p o u v e z l e s e n v o y e r e n c o p i e a v e u g l e p o u r n e p a s r é v é l e r l e s a d r e s s e s d e s d e s t i n a t a i r e s

23 Sur une feuille, écrivez au moins huit règles de la « netiquette », en ordre d'importance pour vous. Utilisez *il faut / il ne faut pas*.

Exemple : D'abord, il faut se comporter poliment.

24 Le français, langue d'avenir : recomposez les expressions. (sections 7 et 8)

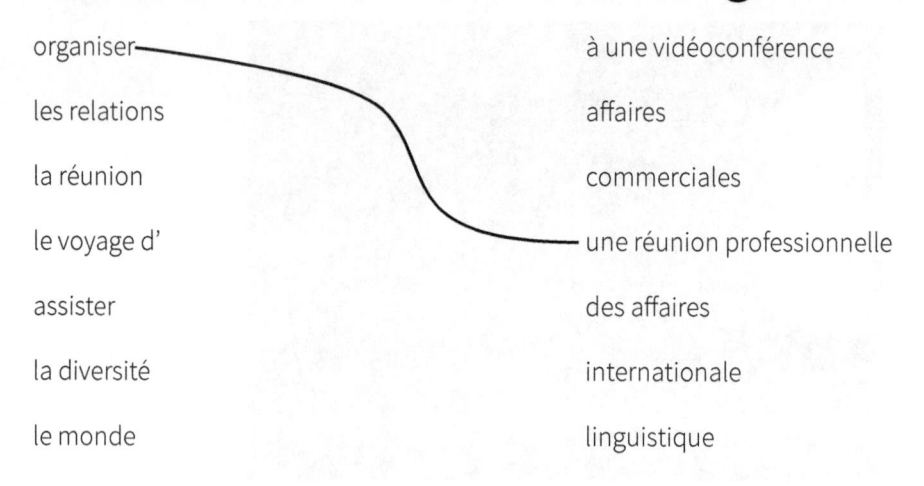

organiser	à une vidéoconférence
les relations	affaires
la réunion	commerciales
le voyage d'	une réunion professionnelle
assister	des affaires
la diversité	internationale
le monde	linguistique

25 Sur une feuille, écrivez un texte court pour convaincre un(e) ami(e) que c'est utile d'apprendre une langue étrangère. Utilisez les expressions de l'exercice 24 et donnez vos raisons.

Exemple : C'est utile pour les relations commerciales parce que tout le monde ne parle pas la même langue. Ça permet aussi d'organiser un événement international.

Cambridge IGCSE and O Level French as a Foreign Language

11 En voyage

Le coin grammaire

La voix passive au passé composé

1 **Mettez ces phrases passives à la voix active.**

Exemples :
La tour Eiffel a été conçue par Gustave Eiffel.
→ *Gustave Eiffel a conçu la tour Eiffel.*

18 000 pièces ont été fabriquées.
→ *On a fabriqué 18 000 pièces.*

1 5 300 dessins ont été faits par plus de 50 ingénieurs.

   ....
   ....
   ....
   ....

2 La tour a été montée par 132 ouvriers.

   ....
   ....

3 Les travaux ont été terminés en deux ans.

   ....
   ....

4 La tour a été inaugurée par Gustave Eiffel en 1889.

   ....
   ....

2   Quelles phrases sont à la voix passive (VP) ? Lesquelles sont au passé composé (PC) ? Entourez VP ou PC.

1   (VP) PC   Je suis fascinée par les marchés en France.
2   VP   PC   Nous sommes servis par un serveur sympa.
3   VP   (PC) J'ai été malade pendant le voyage.
4   VP   PC   Le guide a emmené les touristes dans la vieille ville.
5   VP   PC   Nous avons pris un taxi-vélo – super écolo !
6   VP   PC   La langue qui est parlée par la population locale est le créole.
7   VP   PC   Nous sommes bien accueillis par la famille.
8   VP   PC   Le musée a ouvert en 2010.
9   VP   PC   L'exposition est ouverte par le Président de la République.
10 VP   PC   L'ambulance est arrivée immédiatement.

Les adjectifs indéfinis

3   Complétez le récit de vacances de Clarisse avec le bon adjectif indéfini.

> aucune – autre – certains – chaque
> différentes – plusieurs – quelques – tous

« Mon dernier voyage, c'était en Corse.

J'y vais [1] .... année faire de la randonnée.

Je ne vais pas [2] .... les ans au même endroit, j'essaie de découvrir les [3] .... parties de l'île.

Je suis allée [4] .... fois dans le sud, alors cette année, j'ai passé [5] .... jours à Corte, dans les montagnes. C'était dur !

Il a fait très beau, mais [6] .... jours, il faisait trop chaud pour marcher.

L'année prochaine, j'irai sur une [7] .... île française, Ouessant. Là, il n'y a [8] .... montagne, c'est tout plat ! »

Cambridge IGCSE and O Level French as a Foreign Language

Les pronoms indéfinis

4 Reliez les réponses aux questions. Attention aux pronoms indéfinis !

Tu n'as pas aimé ce voyage ?

Il faut avoir moins de 25 ans pour avoir une réduction ?

Tu aimes les documentaires sur la Chine ?

Est-ce que tu as visité un pays francophone ?

Tu envoies des cartes postales quand tu voyages ?

Tu n'aimes pas voyager seul ?

Vous voyagez avec beaucoup de bagages ?

Oui, j'en ai vu plusieurs.

Non, je préfère partir avec quelqu'un.

Non, mais tant pis, j'en ferai d'autres !

Non, en général, on a un sac chacun.

Oui, quelques-unes à mes grands-parents.

Non, n'importe qui peut en avoir une.

Non, aucun, mais j'aimerais bien.

5 Soulignez la bonne option pour compléter ce texte.

Je ferais [1] **n'importe quoi** / **n'importe qui** pour pouvoir faire le tour du monde ! C'est [2] **quelqu'un** / **quelque chose** que je veux faire depuis longtemps. Et je partirais avec [3] **n'importe qui** / **tous** ! L'idée n'attire pas [4] **quelqu'un** / **tout le monde** mais je vais trouver [5] **aucunes** / **quelqu'un** qui voudra venir avec moi !

Des voyages, j'en ai déjà fait [6] **tous** / **plusieurs** mais je veux en faire [7] **d'autres** / **aucunes**. [8] **Certains** / **Tout le monde** disent qu'il faut être riche : moi, des économies, je n'en ai [9] **aucunes** / **d'autres** alors je fais des petits boulots pour les voisins qui me donnent [10] **plusieurs** / **tous** un peu d'argent.

6 Sur une feuille, traduisez le texte de l'exercice 5 dans votre langue. Cachez le français et retraduisez vos phrases en français. Comparez.

La durée

7 Traduisez dans votre langue en faisant attention aux mots qui expriment la durée.

1   J'irai à Paris **pour** une semaine.   = ...

2   Je suis allé à Paris **pendant** une semaine.   = ...

3   Je suis à Paris **depuis** une semaine.   = ...

4   Je suis arrivé à Paris **il y a** une semaine.   = ...

5   Je pars pour Paris **dans** une semaine.   = ...

11 En voyage

8 Entourez la bonne option pour compléter chaque phrase.

1 **Dans / Il y a** cinq ans, j'habitais à Paris. Je n'aimais pas, alors je suis allé au Canada.
2 D'abord, j'ai habité à Québec **pendant / pour** quatre ans.
3 Mais **il y a / depuis** un an, j'habite à Montréal. J'adore Montréal.
4 L'année prochaine, j'irai faire un stage aux États-Unis **depuis / pour** un an.
5 Donc, **depuis / dans** un an, j'habiterai à New York. J'ai hâte !

Les mots connecteurs

9 Entourez la lettre de la bonne option pour compléter les phrases. Attention aux mots connecteurs !

1 J'aime bien voyager, **par contre**…
   a j'aime prendre le train.
   (b) je n'aime pas prendre le bateau.

2 Plus tard, j'aimerais travailler à l'étranger. **D'abord**,…
   a je partirai comme au pair.
   b je rentrerai à la maison.

3 Le camion n'a pas freiné et **par conséquent**,…
   a il a heurté le cycliste.
   b il s'est arrêté à temps.

4 **Après avoir** renversé le piéton,…
   a il s'est arrêté à temps.
   b il ne s'est pas arrêté.

5 **Grâce aux** avions,…
   a on pollue l'atmosphère.
   b on voyage facilement.

6 **À cause des** avions…
   a on pollue l'atmosphère.
   b on voyage facilement.

7 J'aime voyager en voiture. **Ceci dit**,…
   a c'est pratique.
   b c'est coûteux et polluant.

8 J'aime voyager en voiture **parce que**…
   a c'est pratique.
   b c'est coûteux et polluant.

9 Je ne connais pas Paris **bien que**…
   a je n'y sois jamais allé.
   b j'y sois déjà allé.

10 Choisissez des mots connecteurs dans l'encadré pour compléter les phrases. Plusieurs choix sont parfois possibles.

> afin de – alors – après – *car* – cependant – d'abord – donc – ensuite
> *parce que* – par conséquent – pour – pourtant – pour finir – puis – sauf si

1 En Nouvelle-Calédonie, on mange à l'extérieur à Noël …..*parce que / car*…. c'est l'été et il fait beau.
2 Au Québec, il fait toujours très froid à Noël ……………………… ici à Montréal, on mange à l'intérieur !

Cambridge IGCSE and O Level French as a Foreign Language

3 En France, on mange .... l'entrée, ... le plat de résistance, ... le fromage et .... le dessert.

4 J'ai beaucoup voyagé, ... je ne suis jamais allée en Asie.

5 J'apprends plusieurs langues .... pouvoir communiquer dans les pays étrangers.

6 Je partirai faire des études à l'étranger .... j'ai d'assez bonnes notes à mes examens.

7 L'année prochaine, je partirai comme au pair en France .... j'ai une place à l'université. Dans ce cas, je resterai ici.

11 Sur une feuille, inventez des phrases avec les connecteurs restants.

Mieux apprendre

Pour bien répondre à une question, prenez l'habitude d'employer ces trois astuces :
- utiliser la formule IOJRE = Information + Opinion + Justification + Restriction + Exemple (voir le livre de l'élève, section 9.07)
- bien apprendre et utiliser les mots connecteurs
- inclure des expressions d'opinion, des temps différents, du vocabulaire sophistiqué, etc.

12 Sur une feuille, améliorez la réponse ci-dessous. Étudiez les notes et écrivez une réponse détaillée.

« Avez-vous beaucoup voyagé ? »   « Oui, j'ai beaucoup voyagé. »

Exemple : L'an dernier, par exemple, j'ai visité…
- **quand** : quand j'étais petit(e)
- **où** : je suis allé(e)…
- **pourquoi** : parce que nous habitions près de…
- **avec qui** : j'ai voyagé avec…
- **comment** : j'ai pris l'avion
- **avant, maintenant** : avant, j'allais… maintenant, je vais…
- **à l'avenir** : je voyagerai…
- **votre idéal** : si je pouvais, j'irais…
- **votre avis** : bien que ce soit cher, partir en voyage est essentiel, à mon avis, parce que…

13 Sur une feuille, préparez votre meilleure réponse possible à la question :

« Quel est votre meilleur souvenir de vacances ? »

Entraînez-vous au vocabulaire

14 Trouvez l'intrus dans chaque groupe d'expressions puis remettez-le dans la bonne catégorie, comme dans l'exemple. (ABC/XYZ section 1)

1. **où ?**
   à l'étranger
   ~~C'était bon~~
   le pays

2. **quand et combien de temps ?**
   prendre l'avion
   il y a un an
   pendant deux semaines

3. **avec qui ?**
   ma classe
   mes parents
   le continent

4. **le moyen de transport**
   visiter une attraction
   voyager en train
   se déplacer en voiture

5. **le temps**
   il pleuvait
   pour un mois
   il neigeait

6. **la nourriture** .... *C'était bon* ....
   la nourriture de base
   le repas de fête
   il faisait chaud

7. **les attractions**
   faire du tourisme
   aller voir les endroits touristiques
   J'ai vraiment hâte de…

8. **les opinions**
   J'ai été fasciné(e) par…
   des amis
   C'était vraiment passionnant

15 Sur une feuille, ajoutez d'autres phrases à chaque liste.

Cambridge IGCSE and O Level French as a Foreign Language

16 L'importance des voyages : complétez les expressions avec les mots de l'encadré. (ABC/XYZ section 2)

apprendre – culture – culturels – différences – esprit – être – générale – penser – prendre

1 découvrir une .... différente

2 changer sa façon de ....

3 ouvrir l' ....

4 accepter les ....

5 .... curieux / curieuse

6 améliorer sa culture ....

7 élargir ses horizons ....

8 .... à se débrouiller seul(e)

9 .... confiance en soi

17 Sur une feuille, répondez à la question : « Les voyages sont-ils importants ? » Utilisez les expressions de l'exercice 16.

18 Remplacez « *truc* » par les bons mots. (ABC/XYZ sections 3a et 3b)

- Allô, Auberge de [1] *truc*, j'écoute.
- Je voudrais [2] *truc* un lit, s'il vous plaît.
- Oui, quand et pour combien de [3] *truc* ?
- Du 23 au 25 juillet.
- D'accord. Ça fera 38 euros.
- Le petit déjeuner est [4] *truc* ?
- Non, c'est en supplément.
- Il faut payer l'accès Internet ?
- Non, la wifi est [5] *truc* ici.
- D'accord. Alors je prends le lit.
- Il faut [6] *truc* la réservation par mail.

1 jeunesse..............................
2 ....
3 ....
4 ....
5 ....
6 ....

19 Sur une feuille, imaginez la conversation pour faire la réservation suivante :

3 nuits	douche + WC privés
2 personnes	parking privé ?
chambre double	balcon ?
lits jumeaux	

11 En voyage

20 Remettez la conversation en ordre : numérotez de 1 à 10. (ABC section 3c)

☐ – *Ah, que se passe-t-il ?*
☐ – **Oui ! Vous pouvez réparer tout de suite ?**
☐ – *Impossible, nous n'avons pas de chambres libres.*
☐ – **Alors je voudrais une autre chambre.**
☐ – *Non, je ne pense pas.*
☐ – **Dans ce cas, je voudrais me plaindre au directeur.**
☐ – *Vous êtes certain ?*
☒ 1 – **Excusez-moi, il y a un problème dans la chambre.**
☐ – *Allez-y. Le directeur, c'est moi !*
☐ – **Il n'y a pas d'eau chaude et la climatisation ne marche pas.**

21 Numérotez les dominos dans le bon ordre pour raconter l'accident. (ABC section 4)

1	*Début*		Il y a eu
☐	une ambulance.		La police
☐	a traversé la route.		Une voiture
☐	a été blessé.		On a appelé
☐	un accident.		Un piéton
☐	a freiné brusquement.		Elle a ralenti
☐	le piéton.		Il
☐	roulait vite.		La voiture
☐	a été avertie.		Le blessé
☐	mais pas à temps.		Elle a renversé
☐	a été emmené à l'hôpital.		*Fin*

Cambridge IGCSE and O Level French as a Foreign Language

12 Jeune au XXIe siècle

Le coin grammaire

Les pronoms possessifs

Un pronom possessif remplace un nom (personne ou chose) et indique **à qui** il appartient :

– *C'est ton téléphone ?*
– *Oui, c'est **mon téléphone**.* → *Oui, c'est **le mien**.*

possessifs			
adjectifs	pronoms	adjectifs	pronoms
singulier		pluriel	
mon ma	le mien la mienne	mes	les miens les miennes
ton ta	le tien la tienne	tes	les tiens les tiennes
son sa	le sien la sienne	ses	les siens les siennes

1   Soulignez les pronoms possessifs. Quels mots remplacent-ils ?

1   Léa : « C'est ton téléphone qui sonne ? »
Paul : « Non, c'est le tien. Le mien est éteint. »

..........le tien.......... = ...le téléphone de Léa..........

.... = ...

2   Julien : « Ils sont gentils, tes parents. Les miens sont pénibles ! »
Ali : « Oui, les tiens sont sévères, mais les miens sont cool. »

.... = ...

.... = ...

.... = ...

3   Alice : « Les copines de ma sœur s'amusent toujours. Les miennes révisent beaucoup. »

.... = ...

4   Léa : « Je passe mon temps avec mes amies. Justine aussi : les siennes sont toujours dans sa chambre. »

.... = ...

possessifs			
adjectifs	pronoms	adjectifs	pronoms
singulier		pluriel	
notre	le nôtre / la nôtre	nos	les nôtres
votre	le vôtre / la vôtre	vos	les vôtres
leur	le leur / la leur	leurs	les leurs

2 Soulignez les pronoms possessifs, puis répondez aux questions.

1 Samia : « Les résultats au collège Paul-Éluard sont moyens. Au collège Victor-Hugo, <u>les nôtres</u> sont bons. »
  – Samia va dans quel collège ? .... Victor-Hugo ....

2 L'attitude des adultes, c'est de travailler sans arrêt. La nôtre, c'est de nous amuser.
  – Quelles personnes préfèrent s'amuser ? ....

3 En France, l'inquiétude principale des jeunes, c'est leur image sur Facebook. Au Niger, la leur, c'est trouver l'argent pour étudier.
  – Au Niger, trouver l'argent pour étudier, c'est une ....

4 Evan : « Mes notes sont mauvaises. Et les vôtres ? »
  Mo et Sam : « Pas meilleures que les tiennes ! »
  – Comment sont les notes de Sam ? ....

5 Anaïs : « Mes photos sont plus intéressantes que les photos de mes copains. Les leurs sont ennuyeuses. »
  – Qu'est-ce qu'Anaïs trouve ennuyeux ? ....

La position des adverbes

3 Soulignez les adverbes, puis surlignez de couleurs différentes :
  – les adjectifs
  – les verbes à un temps simple (présent, futur)
  – les verbes à un temps composé (passé composé, futur avec *aller*)

1 Manon *a aussi posté* des photos.
2 Léa a souvent de très bonnes notes.
3 Karima va bientôt devenir ingénieure.
4 Théo trouvera peut-être du travail.
5 Omar va certainement réussir son bac.
6 Lucas a complètement fini ses révisions.
7 Simon a pris des photos vraiment belles.
8 Les parents d'Élise refusent toujours de l'écouter.

4 Sur une feuille, réécrivez le texte suivant en modifiant les mots soulignés avec les adverbes de la liste.

> aussi – beaucoup – *bientôt* – longtemps – récemment – tout à fait – très – vraiment

Quentin <u>va bientôt rendre</u> visite à Amir, au Mali. Quentin l'<u>a rencontré</u> au collège à Paris et ils <u>ont parlé</u>. Maintenant, il <u>a envie</u> de découvrir ce pays et il <u>voudrait apprendre</u> la langue bambara. Le village d'Amir est <u>pauvre</u> et il faut <u>marcher</u> pour trouver de l'eau, mais Quentin est <u>prêt</u> à aider.

Employer des temps variés

5 Numérotez les phrases de l'histoire pour la remettre dans l'ordre.

☐ Si nous y allions, j'aimerais bien participer aux activités musicales du club.

[8] Si je n'avais pas arrêté à 12 ans, ce serait plus facile maintenant !

[1] À l'école primaire, j'avais appris à jouer de la la flûte, mais j'ai arrêté à 12 ans.

☐ Louis cherchait de l'argent afin d'acheter des instruments de musique pour son club de loisirs.

☐ En septembre, au collège, nous avons reçu la visite de Louis, instituteur en Haïti.

[4] Nous avons organisé une vente de gâteaux et nous avons donné l'argent à Louis.

☐ Je vais donc recommencer la flûte.

☐ Louis était content. Il nous a invités à visiter son club en Haïti.

12 Jeune au XXIe siècle

6 Relisez l'histoire de l'exercice 5 et trouvez des verbes à des temps différents :

1 plusieurs actions passées avec un début et une fin = le passé composé

j'ai arrêté à 12 ans. ....

....

....

2 une action passée <u>avant</u> une autre action passée = le plus-que-parfait

....

3 deux situations dans le passé (on ne connaît pas le début ni la fin) = l'imparfait

....

7 À quel temps sont les verbes qui décrivent ces projets : futur ou conditionnel ?

1 recommencer la flûte ....

2 participer aux activités musicales du club de Louis ....

8 Sur une feuille, écrivez six phrases sur des actions pour aider les personnes en difficulté, chacune avec <u>deux</u> temps différents.

Exemple : Nous avons fait des gâteaux à vendre, mais il n'y avait pas assez de sucre.

L'infinitif : le gérondif

9 Retrouvez les quatre phrases dans la grille (→ ↓ ↑). Utilisez chaque mot une seule fois. La première phrase est donnée comme exemple.

1 Il	2 En	forêts,	on	biodiversité.
s'est	détruisant	les	menace	la
blessé →	en	arbre.	j'évite	la
3 Elle	tombant →	d'un	planète,	voiture.
observe	4 Pour	protéger	la	comprendre.
les	gorilles	afin	de	les

10 Reliez les moitiés de phrases. Attention aux verbes à l'infinitif (présent ou passé) et au gérondif (par exemple : *en courant*) !

En changeant nos habitudes,	en visitant le Gabon.
Après avoir détruit la forêt,	avant de détruire les arbres.
Elle a découvert la forêt tropicale	afin d'éviter le réchauffement climatique.
On réduit les gaz à effet de serre	il faut comprendre leur environnement.
Il faut penser aux conséquences écologiques	on peut sauver la planète.
Pour protéger les grands singes,	on a planté des palmiers.

11 Sur une feuille, recopiez les phrases de l'exercice 10 en inventant d'autres fins de phrase.

Exemple : 3 Elle a découvert la forêt tropicale en regardant une émission à la télé.

Les pronoms personnels et relatifs

12 Les mots soulignés dans le texte A ont été remplacés par des pronoms dans le texte B. Trouvez les pronoms et soulignez-les.

A

Au camp de réfugiés, c'est important d'aider les enfants. Ils sont traumatisés. Deux instituteurs ont créé au camp des classes pour aider les enfants. Il y a deux classes. On a installé les classes sous des tentes. Les classes accueillent des enfants d'âges différents. La première classe accueille les petits. L'instituteur de la première classe s'appelle Damien. Dans la première classe, on fait des jeux. Pour faire les jeux, il y a peu de matériel. Damien fait venir du matériel de France.

B

Au camp de réfugiés, c'est important d'aider les enfants qui sont traumatisés. Deux instituteurs y ont créé des classes pour les aider. Il y en a deux, qu'on a installées sous des tentes et qui accueillent des enfants d'âge différent. Dans la première, qui accueille les petits et dont l'instituteur s'appelle Damien, on fait des jeux. Pour les faire, il y a peu de matériel. Il en fait venir de France.

13 Imaginez ce qu'on fait dans la seconde classe. Sur une feuille, écrivez 50 mots avec autant de pronoms que possible.

Exemple : Dans la seconde classe, qui accueille les adolescents,…

12 Jeune au XXIᵉ siècle

Mieux apprendre

Pour améliorer votre travail écrit, après avoir écrit un brouillon :
- corrigez les erreurs
- enrichissez votre texte.

14 Lisez le brouillon A qui répond aux questions B. Recopiez le brouillon sur une feuille et appliquez chacune des techniques dans la liste de contrôle C pour l'améliorer.

Exemple : *corriger les erreurs – la forme des verbes*
– *j'ai aidé à nettoyer*

enrichir le texte – des temps plus variés
– *L'année dernière, quand j'avais 15 ans, …*

A Brouillon :

L'année dernière, j'aidé j'ai aidé à nettoyer les rue de mon quartier. J'ai ramasser les déchets. Ce n'étais pas très intéressant mais c'était utile. Je rencontrais des voisins sympathiques. On a bavardé. Je ne connaisse pas ce genre de travail et j'ai écouté le conseils. Le mois prochaine, je recommence et je vais au parc pour nettoyé.

Je voudrais partir à l'étranger pour travailler comme volontaire. C'est difficile d'organiser mais c'est passionnante. Je voudrais aller dans centre écologique. Je voudrais sauver des tortue. J'admire les gens aussi qui partent aider les victimes de conflits. Je suis trop jeune pour faire le.

B Questions :

Avez-vous déjà travaillé comme volontaire ? En faisant quoi ?
Aimeriez-vous partir comme volontaire à l'étranger ?
Quels sont les avantages et les inconvénients d'être volontaire à l'étranger ?
À votre avis, est-ce que les jeunes peuvent aider à changer le monde ?
Envoyez un mail à votre correspondant pour expliquer.

C Liste de contrôle

Attention : il y a autant de cases à cocher que d'erreurs dans le brouillon.

- J'ai corrigé des erreurs dans :
    - les accords (genre et nombre)
    - la forme des verbes
    - la position des adverbes et des pronoms
    - les mots qui manquent

Cambridge IGCSE and O Level French as a Foreign Language

- J'ai enrichi le texte en ajoutant :
    - une formule de politesse ☐
    - un comparatif ou un superlatif ☐
    - des temps plus variés ☐
    - des personnes plus variées (pas toujours *je*, pas toujours *il / elle / on*) ☐
    - un gérondif ☐
    - une forme négative plus complexe que *ne… pas* ☐
    - des pronoms relatifs (*qui, que*), des explications avec *parce que, puisque…* ☐
    - des adverbes ☐
    - une exclamation ou une expression d'intensité ☐
    - des opinions ☐

Entraînez-vous au vocabulaire

15 A l'aide d'émoticônes, indiquez si les mots de la liste décrivent des inquiétudes ☹ ou des espoirs et des solutions ☺ aux problèmes. (section 1)

avoir le droit de ☺	inventer	*le chômage* ☹
avoir peur de ☹	mettre au point	la difficulté
énerver	se moquer de	*l'éducation* ☺
être accepté(e)	raconter des bêtises	le harcèlement
faire du bénévolat	refuser de faire comme	l'isolement
gagner sa vie	régler un problème	la méchanceté
harceler	réussir	les photos trafiquées
inquiéter	trouver une solution	la pression
		le rêve

16 Complétez les phrases avec des mots de l'exercice 15. Il peut y avoir plusieurs bonnes réponses. Attention aux accords. (section 1)

1 L'attitude de certains copains ~~me~~ / m'............ énerve ...., mais ~~je~~ / j'...... ai trouvé une solution ...... : je ne leur parle plus.

2 Ma priorité, c'est .... mes examens pour bien .... ensuite.

3 Ce qui me / m' .... , c'est .... en ligne.

4 Mon rêve, c'est de .... ou .... quelque chose pour aider les gens.

12 Jeune au XXIe siècle

17 Trouvez les bonnes définitions. (section 2)

> l'exploitation – grave – la guerre – l'inégalité – la paix – la pauvreté
> *le racisme* – le réfugié – la terreur – le traumatisme

1. la discrimination à cause de la couleur de la peau = ...*le racisme*................
2. l'injustice, le traitement injuste = ...
3. la personne forcée de quitter son pays = ...
4. le manque d'argent ou de ressources = ...
5. le conflit armé = ...
6. le choc psychologique = ...
7. la très grande peur = ...
8. le contraire de la violence = ...
9. sérieux, dangereux = ...
10. le mauvais traitement des personnes faibles = ...

18 Trouvez les contraires. (section 2)

> *accueillir* – détruire – disparaître – être nocif – être privé de – lutter contre
> manger à sa faim – menacer – partager – se réchauffer

1. rejeter ≠ ....*accueillir*................
2. être bon, bénéfique ≠ ....
3. supporter, accepter ≠ ....
4. manquer de nourriture ≠ ....
5. recevoir, bénéficier de ≠ ....
6. encourager ≠ ....
7. refroidir ≠ ....
8. revenir ≠ ....
9. reconstruire ≠ ....
10. garder pour soi ≠ ....

19 Choisissez un sujet important pour vous. Sur une feuille, écrivez trois phrases avec autant de mots des listes que possible.

Exemple : Pour moi, *le racisme*, c'est une *discrimination* très *grave*. …

Remerciements

Cover pa_YON/Getty Images; Eric Audras/Getty Images; CandO_Designs/Getty Images; petovarga/Getty Images; P. Eoche/Getty Images; JEAN-MICHEL ANDRE/AFP/Getty Images; Malcolm Piers/Getty Images; Henri Roger/Roger Viollet/Getty Images; PASCAL POCHARD CASABIANCA/AFP/Getty Images; Lisa Pines/Getty Images